뇌박사가 가르치는
엄마의 두뇌태교

뇌박사가 가르치는
엄마의 두뇌태교

초판 1쇄 인쇄 | 2018년 10월 15일
초판 1쇄 발행 | 2018년 10월 18일
초판 5쇄 발행 | 2023년 7월 7일

지은이 | 김영훈
펴낸이 | 황보태수
기획 | 박금희
일러스트 | 이합렬
디자인 | 주수현
인쇄·제본 | 한영문화사
펴낸곳 | 이다미디어
주소 | 경기도 고양시 일산동구 강석로 145번지 2층 3호
전화 | 02-3142-9612
팩스 | 0505-115-1890

이메일 | idamedia77@hanmail.net
블로그 | https://blog.naver.com/idamediaaa
페이스북 | http://www.facebook.com/idamedia
인스타그램 | http://www.instagram.com/ida_media
네이버 포스트 | http://post.naver.com/idamediaaa

ISBN 978-89-94597-98-0 13370

뇌박사가
가르치는

엄마의
두뇌태교

● 김영훈 지음 ●

이다미디어

생후 10년의 교육보다
태내 10개월이 더 중요하다

⋮ 태아의 뇌는 엄마의 자궁 환경에 크게 좌우된다

엔지니어였던 조셉 스세딕(Joseph Susedik)과 그의 아내이자 영어
강사였던 지츠코 스세딕(Jitsuko Susedik)이 딸 넷을 모두 영재로 키워
일본에서 화제를 불러 모은 적이 있다. 일명 '스세딕 태교법'으로
불리는 이들의 태교법은 많은 엄마들의 호기심과 관심을 불러일으
켰다. 딸 넷의 IQ가 모두 160을 넘어 미국에서도 손에 꼽는 영재가
되었다니 놀라운 일이긴 하다.

하지만 이렇게 희귀한 예가 일반적인 태교의 전부이자 성과라고 단정할 수는 없다. 부모에 따라서 다르고, 태교의 방법에도 개인의 차이가 있고, 타고난 성격과 환경도 모두 다르기 때문이다.

물론 태교가 중요하고 그 필요성은 갈수록 더 관심을 모으고 있다. 또한 많은 예비 부모들이 태교의 중요성을 인식하기 시작했고, 태명을 짓는 등 적극적으로 태교에 임하고 있다. 그렇다면 태교는 왜 해야 하는 것일까? 10년의 교육보다 배 속에서의 10개월이 아기에게는 더 중요하다는 말로 그 답을 대신한다.

태아는 본능적으로 엄마의 몸속에 머무는 동안 안팎의 상황에 민감하게 반응하고 적응하면서 발달한다. 또한 엄마는 태아가 위험에 빠지지 않도록 늘 보호하면서 결정적으로 가장 많은 영향을 미친다. 임신 기간 10개월은 아기가 탄생한 후 이어질 심신의 건강은 물론 삶의 질과 방향을 결정하는 가장 중요한 시간이다. 특히 엄마의 자궁 환경은 아이의 뇌 발달과 밀접한 관계가 있다. 타고나는 재능 또한 자궁 환경이 좋아야만 유전적인 요인과 함께 그 꽃을 피울 수 있다. 즉, 태아의 뇌는 엄마의 자궁 환경에 크게 좌우된다는 뜻이다.

뉴런을 비롯한 여러 가지 세포로 분화하는 줄기세포는 단 한 가지 조건만 다르게 해서 배양해도 전혀 다른 세포로 분화된다. 세포가 붙어서 자라는 세포 배양 접시를 각각 다른 재질로 만들어 탄력 정도만 다르게 해도 세포가 서로 다르게 성장한다. 단단한 접시에서 자란 줄기세포는 뼈로 분화되고, 약간 무른 접시에서 자란 줄기

세포는 근육으로, 가장 부드러운 접시에서 자란 줄기세포는 신경으로 분화된다. 이 실험은 세포가 환경에 지대한 영향을 받는다는 사실을 증명해준다.

사실 태아는 엄마의 배 속에 있는 동안 주변의 술과 담배뿐 아니라 오염된 공기와 물, 발암 물질이 쌓인 환경에 성인처럼 노출된다. 거기에다 태아는 작은 데다가 발달이 미숙하고, 독성물질을 걸러주는 태반에만 의존하기 때문에 더 취약한 상황이다. 그러니 아이들의 뇌는 환경의 영향을 받아 서로 다르게 성장한다는 사실을 유념해야 한다. 특히 태내의 아이들은 엄마의 보살핌과 주위 환경의 영향을 가장 많이 받는다는 사실을 명심해야 한다.

⋮ 임신은 태아의 뇌와 함께 엄마의 뇌도 성장시킨다

임신을 한 엄마의 뇌는 아이를 키우는 데 적합하도록 변한다. 임신은 태아의 뇌뿐 아니라 엄마의 뇌도 함께 성장시키는 것이다. 자궁 속의 태아가 움직일 때마다 임신부가 느끼지 못하더라도 엄마의 뇌는 활성화된다. 예를 들어 임신 중기에 태아는 1분에 한 번꼴로 움직이는데, 엄마의 몸은 태아의 움직임을 16%밖에 감지하지 못한다. 반면 엄마의 뇌는 태아의 움직임에 100% 반응한다. 태아의 뇌는 엄마의 뇌와 상호작용을 하면서 발달하는 것이다.

태교란 결국 엄마와 태아의 즐겁고 행복한 상호작용을 말한다. 최근 일부에서 태교가 외국어, 예술, 수학 등 공부와 관련된 태내 교육인 양 변질되고 있는 상황이 잦은데, 매우 우려스럽다. 태교는 아직 태어나지도 않은 태아에게 강제로 공부를 시키는 것이 아니라, 엄마와 태아가 협동하여 아이의 뇌를 성장시키는 일이다.

태아가 5개월이 되면 평생 가지고 살아가게 되는 1,000억 개 뉴런의 대부분이 만들어진다. 특히 정보를 처리하고 저장하는 뉴런에 네트워크를 형성하는 시냅스는 1,000조 개에 육박한다. 또한 태아의 뇌는 6개월 무렵 400g 정도의 무게에 이르는데, 이때 뇌를 제외한 몸무게는 고작 350g에 불과하다. 머리가 몸집보다 더 큰 셈이다.

태어난 아기의 뇌는 성인의 4분의 1 정도의 크기로 미완성인 상태이다. 그러나 24개월이 되기 전에 성인의 4분의 3 크기까지 자라며, 5세가 되면 무게와 부피가 성인과 거의 비슷해진다. 그래서 10개월의 임신 기간과 생후 12개월은 아이의 뇌 발달 과정에서 가장 중요한 시간이다.

임신 기간과 출산 초기에 형성된 아이의 뇌 구조는 바꾸기가 힘들다. 따라서 태아기와 영아기 때 아기의 뇌 발달에 더욱 많은 관심을 기울여야 한다. 이미 형성된 뇌의 구조는 일종의 '견본'이 되어 이후 뇌의 성장과 발달에 절대적인 영향을 미친다. 특히 뇌에서 제일 먼저 결정된 영역(감정 처리)은 바뀔 가능성이 거의 희박하다고 보면 된다. 결국 뇌의 구조가 어떻게 형성되느냐에 따라 감정적인 대응이나 감정 조절 능력이 결정되는 것이다.

⋮ 임신 기간에 형성된 아이의 뇌 구조는 바꾸기가 힘들다

물론 뇌에서 감정을 관할하는 체계는 신체 기능을 담당하는 체계보다 유연한 편이다. 하지만 한번 형성되면 쉽게 변하지 않기 때문에, 태아기와 영아기에 사랑이 넘치고 안전한 환경을 마련해주는 것만큼 중요한 게 없다.

이 시기에 방치되거나 학대받은 아기들은 대부분 변연계, 특히 편도체와 해마가 보통 아이들보다 작고 뇌가 제대로 기능하지 못한다. 그래서 이런 환경에서 성장한 아이들은 자기애성 인격 장애를 가질 수 있다. 늘 자신에게 해를 끼칠 것들이 없는지, 먹을 것은 충분한지, 편안하고 안락한 곳인지 주변을 탐색하고 찾게 된다.

힘든 환경에서 자란 아기들은 기본적인 욕구 충족에 에너지를 집중하기 때문에 다른 사람에게 공감하거나 새로운 것을 받아들이고 학습할 여력이 부족하다. 어려서부터 주변과의 공감이나 조화를 모르는 상태로 살게 되는 것이다. 때문에 태아일 때의 성장 과정도 중요하지만, 태어난 후에 아기가 만나는 환경과 보내는 시간 또한 매우 중요하다.

빌 게이츠의 어머니는 며느리 멜린다가 육아 우울증으로 힘들어

할 때 이렇게 말했다.

"자식에게 뭐든지 다 해주는 엄마는 좋은 엄마가 아니야. 계속 배우고 즐겁게 살면서 끊임없이 좋은 모습을 보인다면 자식들은 그런 엄마를 보고 배우면서 자라지. 엄마인 내가 행복해야 자식도 행복하단다. 그것만큼 자식한테 큰 선물이 있겠니?"

이 책은 세상의 예비 부모를 열렬히 응원하는 마음으로 썼다. 자신의 아이가 이 세상에 태어난다는 것은 부모에게 가장 큰 축복임을 알기 때문이다. 한 사람이 탄생하고 성장하는 데 부모가 결정적인 영향을 미친다는 사실을 모르는 사람은 없다. 평생 뇌를 연구한 학자로서 부모들에게 아이의 인생을 결정하는 '두뇌태교'의 올바른 방법을 전해주고 싶다. 이 책은 다양한 두뇌태교 방법 중에서 오감태교(청각, 시각, 촉각, 후각, 미각을 모두 자극하는 태교)를 중심으로 썼는데, 모든 게 낯설고 서툰 초보 부모들에게 작은 도움이라도 된다면 좋겠다.

아이를 키운 경험과 엄마의 시각으로 초고를 꼼꼼하게 검토해준 아내 송미경에게 고마움을 전한다. 끝으로 이 책이 나오기까지 애써주신 이다미디어의 박금희 이사께도 감사드린다.

김영훈

1

두뇌태교란
무엇인가?

01

임신 중에 발달하는
태아의 뇌, 엄마의 뇌

: 태아는 한정된 자궁 속에서 뇌만 집중적으로 발달시킨다

10개월간의 임신 기간은 태뇌 발달을 위한 시간이다. 태아는 한정된 자궁 속에서 뇌만 집중적으로 발달시킨다. 모든 것을 골고루 발달시켜 성숙한 생명체로 태어나기엔 시간과 공간이 턱없이 부족하기 때문이다.

자궁은 아기를 크게 키우기에 비좁을 뿐만 아니라 엄마 배 속에서 자라는 기간도 1년이 채 안 된다. 임신 초기 태아의 모습을 초음파로 보면 뇌가 전체의 약 70%를 차지하고 있다. 자궁 내에서 태뇌의 가장 큰 변화는 3가지이다.

첫째, 뉴런의 수가 급속하게 늘어난다.

뉴런은 임신 15~20주에 급속하게 분열하여 숫자가 늘어난다. 이후 뉴런의 밀도는 출생 시 최고가 되며 생후 6개월이 지나면서 급격히 감소하기 시작해 생후 1~2년까지는 큰 변화가 없다. 이때 뉴런의 밀도는 성인의 1.5배이며 7세가 되면 어른의 1.1배 정도로 감소한다. 결과적으로 1,000억 개의 뉴런은 태아 때 거의 다 만들어진다.

둘째, 뉴런의 가지가 많아져서 시냅스가 증가한다.

뇌 발달이 잘 이루어지느냐의 여부는 시냅스 형성에 달렸다. 대뇌피질의 시냅스는 임신 8.5주에 형성되기 시작해 임신 15주부터 다량 증가한다. 뉴런 1개당 시냅스는 출생 시 1만 개 정도 되는데, 12개월이 되면 뉴런 1개당 10만 개 정도의 시냅스가 형성되어 최고에 이른다. 이때 시냅스의 밀도는 성인의 1.5배이며, 7세가 되면 성인의 1.3배로 감소하고, 16~72세에는 거의 일정해진다.

셋째, 수초화로 신경 전달 속도가 빨라진다.

수초란 전선의 절연체 역할을 하는 플라스틱 껍질과 같은 것이다. 즉, 지방 성분으로 이루어진 수초가 뉴런을 감싸게 되는데, 이로 인하여 뉴런의 정보 처리가 빨라진다. 또한 수초화는 뉴런이 교차하는 곳에서 정보가 엉키는 현상을 방지해준다. 수초화는 임신 25

주부터 생후 3년까지 주로 이루어지는데, 수초화된 뇌 부위는 정보 처리 속도가 50~100배 정도 빨라진다.

┇ 임신하면 태아의 생존을 위해 엄마의 뇌도 변한다

입덧을 하는 것과 몸이 무거워지는 것만 빼면 임신부의 일상은 순조롭다. 임신부는 병원에서 초음파 검사를 받으며 태아의 심장 박동 소리를 듣고 자궁에서 태동을 느낀 날, 그리고 출산용품을 준비할 때 뭉클한 모성을 경험한다. 분만의 두려움을 떨쳐내고 초보 엄마로서의 서투름만 극복한다면 좋은 엄마가 될 것이라고 믿는다.

한편 모성은 엉뚱한 데서 시작된다. 우선 임신부들은 건망증이 심해진다. 예전에 쉽게 쓰던 단어들이 생각나지 않거나, 사람의 얼굴은 알지만 이름이 생각나지 않거나, 계획이나 날짜를 잊어버리는 일도 많다. 자신이 한심하게 생각될 정도로 자주 깜빡깜빡 잊어버리다 보면 지능이 떨어지는 건 아닌지 걱정할 정도가 되기도 한다. 왜 그럴까?

미국 캘리포니아 대학교의 신경정신의학자 루안 브리젠딘(Louann Brizendine) 교수의 연구에 따르면, 임신부의 뇌는 임신 6개월에서 출산 직전까지 특정 부분이 커지고 일부는 작아진다. 즉, 복잡함과 유연함을 담당하는 뇌 영역은 커지고, 사고와 판단 등 인지를 담당

임산부는 건망증이 심해진다?

중요한 것을 기억하는 대책을 마련하자.
전화번호처럼 꼭 기억할 것을 수첩에 적거나 세부 사항을 적은 일일계획표를 이용하고, 자주 사용하는 일상용품은 한 장소에 모아둔다.

단순한 생활을 하자.
예전부터 하려고 마음먹었던 일이라도 급하지 않으면 나중으로 미루자. 아기의 탄생과 인테리어 공사를 맞춰서 할 필요는 없다.

스트레스를 줄이자.
여유로운 목욕이나 로맨틱한 분위기에서의 식사, 산책, 독서, 명상을 하자.

도움을 요청하라.
집안일에 가족들의 협조를 받는 게 좋다. 여유롭고 편한 마음으로 즐겁게 지내자.

하는 뇌 영역은 작아진다는 것이다. 이는 신생아를 잘 돌보려면 사고하고 판단하는 뇌 기능보다 복잡함과 유연함을 관장하는 뇌 기능이 더 필요하다는 뜻이다. 뇌의 이런 변화는 출산 후 6개월까지 지속된다.

진화 단계가 낮은 동물은 알을 많이 낳는 전략으로 종족을 늘린다. 하지만 인간은 적은 수의 태아에게 시간과 에너지를 투자해 생존율을 높인다. 인간은 다른 동물보다 뇌가 크고 유아기가 길며, 또복잡한 사회 환경을 헤치고 살아갈 준비가 필요하기 때문이다. 세상에 나오기 직전 태아의 뇌는 성인 뇌의 4분의 1 크기밖에 안 된다. 때문에 태아는 엄마의 골반을 거쳐서 안전하게 밖으로 나올 수는 있지만, 여전히 일정 기간 동안 누군가에게 의존해야만 한다. 인간의 보살핌 문화는 다른 동물의 세계와 많이 다르다. 따라서 엄마가 된다는 것은 출산에 그치지 않고, 아기를 먹이고 위험한 환경에서 보호하고 아기가 건강하게 살도록 돌보는 복잡한 일이다. 그래서 임신 후 엄마의 뇌가 변하는 것은 그리 놀랄 일이 아니다.

⦂ 엄마가 되면 모성을 유발하는 호르몬인 옥시토신이 분비

뇌과학자들은 대뇌피질과 변연계의 소통을 담당하는 대상회피질(cingulate cortex)이 모성의 발달을 담당하는 핵심적인 뇌라고 생각한다. 인간의 모성은 늦게 진화한 전전두엽을 통해 아기에 대한 책임의식으로 발달한다는 것이다. 미국의 저명한 심리학자 셸리 테일러(Shelley Taylor)는 엄마가 되면 모성을 유발하는 호르몬인 옥시토신(oxytocin)이 분비되기 때문에 모성이 자연스럽게 발현한다고 주장한다. 특히 출산을 돕는 옥시토신은 모유 분비 촉진에도 관여하는 것으로 알려져 있다. 엄마가 출산이라는 엄청난 고통을 겪은 후 묘하게 평온함을 느끼게 되는 것도 역시 옥시토신 때문이다. 옥시토신이 분비되면 엄마는 진정제를 투여받았을 때와 같은 기분이 되기 때문이다.

아기를 낳은 엄마는 임신 기간 10개월과 분만 과정을 거치면서 평생 긍정적인 변화를 겪는다. 연구에 따르면, 아기를 입양한 엄마는 아기를 낳은 엄마보다 방어적이며 부모라는 지위에 큰 불안감을 가진다. 또한 호르몬 변화가 산모의 불안감을 감소시키는 중요한 역할을 한다. 다만 아이를 입양한 엄마는 대체로 사회적, 경제적 토대가 탄탄하기 때문에 시간이 지나면서 불안감이 줄어, 14개월이 지나면 낳은 엄마든 입양한 엄마든 아이에 대한 애착에 차이가 없었다. 즉, 안정된 애착은 낳은 엄마뿐 아니라 입양한 엄마에게도 똑같이 나타난다는 것이다.

애착은 아기의 냄새와도 관련이 있다. 신생아의 머리카락에서 나는 달콤한 냄새는 페로몬 효과를 갖고 있으며, 엄마의 뇌를 자극해 옥시토신을 생산하게 만든다. 신생아의 페로몬은 엄마의 뇌에 아이에 대한 갈망을 유도한다. 이렇게 임신과 출산은 엄마의 뇌를 활성화하고, 활성화된 엄마의 뇌는 모성이라는 화학적 각인과 방대한 양의 옥시토신에 힘입어 강화된다.

모유 수유를 할 때도 옥시토신의 분비가 활발히 이루어진다. 이것이 아이에 대한 엄마의 애착을 높여 산후우울증을 덜어줄 수 있음은 물론이다. 또한 모유를 먹이면서 일어나는 엄마와 아기의 상호작용을 통하여 삶의 활력을 얻을 수 있다.

⋮ 임신부의 뇌는 태아를 위해 더 똑똑해진다

임신을 하면 임신 2주에서 4개월까지 프로게스테론(progesterone, 여성호르몬) 수치가 정상보다 무려 10배 내지 100배까지 높아져서 엄마의 뇌를 흠뻑 적신다.

프로게스테론은 진정 효과를 발휘하는데, 특히 임신 초기에는 프로게스테론 수치가 높아지면서 유방이 부드러워지고, 신경회로는 졸음에 취한 듯 기분 좋은 상태에 빠진다. 때문에 프로게스테론의 진정 효과가 임신 기간에 분비되는 스트레스 호르몬으로부터 엄마의 뇌를 보호해준다.

스트레스를 받으면 투쟁-도피 화학물질인 코르티솔이 태아와 태반에서 대량 생산돼, 엄마의 몸과 뇌에 흐르게 된다. 이로 인해 임신부는 이전보다 더 많은 휴식과 음식을 원하게 된다. 또 물병, 수도꼭지, 욕실에서 멀리 떨어질 수가 없게 된다. 특정한 냄새에 과도하게 민감해지면서 자주 토할 것 같은 느낌이 들기도 하는데, 이는 태아에게 해가 될지 모르는 음식을 먹지 않으려는 뇌의 신호이기도 하다.

임신 5개월이 다가오면 배에서 가스가 보글거리는 느낌이 든다. 이런 느낌이 오면 대부분 갑자기 늘어난 식사량 때문에 배에 가스가 찬 것으로 오해하기도 한다. 하지만 이것은 엄마의 뇌가 아기의 움직임을 기록하고 있다는 신호이다. 이 몇 개월 동안 엄마의 뇌에는 호르몬이 최대로 분비된다. 또한 시상하부에서 월경 주기를 조절해오던 회로에 브레이크를 거는 한편, 양육을 위한 사랑의 신경 회로를 준비한다.

임신 후반기에는 코르티솔 수치가 격렬한 운동을 할 때와 비슷한 수준으로 높아진다. 하지만 신기하게도 임신 기간에는 코르티솔의 수치가 높아지더라도 스트레스가 유발되지 않는다. 다만 코르티솔 때문에 임신 후반기에 주의가 산만해지고, 넋이 빠지기도 하고, 건망증이 심해진다.

⁝ 임신하거나 출산한 쥐는 처녀 쥐와는 행동이 다르다

일명 '부모 호르몬'이라고 불리는 프로락틴(prolactin)은 유즙 분비를 촉진한다. 프로락틴 수치는 임신 기간에 증가하고 출산 후에는 아기가 젖을 빨 때마다 그 자극이 엄마의 시상하부와 뇌하수체에 신호를 보내므로 더욱 증가한다. 아기에게 젖을 먹이는 엄마는 혈류의 프로락틴 수치가 평상시보다 8배 이상 증가한다. 또한 옥시토신과 마찬가지로 프로락틴은 뇌에서 활발하게 작용한다.

프로락틴이 임신 기간에 끼치는 영향은 모성에 매우 중요하다. 쥐는 본능적으로 새끼를 비롯해 익숙하지 않은 대상을 두려워한다. 임신한 적이 없거나 임신에 적응할 시간이 없었던 암컷 쥐는 자신을 보호할 목적으로 새끼를 잡아먹거나 땅에 묻으려고 한다. 하지만 임신을 하면 그런 공포가 사라지므로, 새끼를 먹어치우는 무시무시한 괴물에서 다정한 암컷으로 변신한다. 호르몬 변화를 겪은 쥐와 새끼를 키워본 경험이 있는 쥐는 다른 새끼들에게도 빠르게 반응한다.

미국 리치먼드대 심리학과 크레이그 킨슬리(Craig Kinsley) 교수와 미국 랜돌프-메이콘대 심리학과 켈리 램버트(Kelly Lambert) 뇌과학 교수의 공동 연구에 의하면, 임신하거나 출산한 쥐는 처녀 쥐와는 행동도 다르다.(1999년 〈네이처〉지 발표 참고)

연구자들은 처녀 쥐와 임신한 쥐, 출산 후 새끼에게 젖을 먹이는 어미 쥐들을 원형 울타리에 가둬놓고 불편한 위치에서 얼마나 견디는지 살폈다. 처녀 쥐들은 약 5초 후 편안한 벽으로 다가갔고, 임신한 쥐들은 좀 더 오래 머물렀으며, 어미 쥐들은 평균 100초로 가장 오래 머물렀다.

임신한 쥐와 어미 쥐들은 두려움에 휩싸여 옴짝달싹하지 못하는 일도 적었으며, 자신 있게 주변을 탐색했다. 또한 그들은 뒷다리로 서서 주변을 둘러보거나 앞에 놓인 작은 벽돌을 지나치는 일도 많았다. 어미 쥐는 주변 상황에 대한 긴장감이 줄었고, 먹이를 찾으려고 위험한 길도 두려워하지 않았다. 즉, 공포를 담당하는 뇌 편도체도 변화가 온 것이다.

이처럼 임신부는 호르몬으로 인한 제2의 변화를 겪는다.

02

아이의 기질은
태내 환경이 결정

⋮ 유전자와 환경의 복잡한 상호작용이 생명 현상이다

통계청의 발표에 따르면, 첫아이를 낳은 산모의 평균 연령이 31.2 세(2016년 기준)로 해가 갈수록 높아지고 있다. 30세가 넘어서 초보 엄마 대열에 합류한 요즘 엄마들은 분명히 옛날 어머니와는 다른 세대이기도 하다.

요즘 엄마들은 좋은 엄마가 되기 위해 임신을 계획할 때부터 먹는 것을 비롯해 행동을 조심하고 태교 등 육아 관련 책도 많이 읽는다. 클래식 음악을 듣고, 명화를 감상하며, 태어날 아이의 두뇌 발달을 위해 영어 동화를 읽고 영어 노래도 듣는다. 주말이면 근교에 나가 자연과 접하며 배 속 아기에게 그림책을 읽어주고 태담을 들려주기도 한다. 아기의 두뇌 발달에 태내 환경이 미치는 영향이 크다는 정보 때문이다.

아기의 태내 환경이 일생 동안의 건강에 영향을 미친다는 이론도 있다. 그만큼 아기의 태내 환경은 중요하고 성장하는 동안 많은 것을 좌우한다. 영국의 질병역학자 데이비드 바커(David Barker) 박사는 60년 전 산모들의 굶주림으로 유아 사망률이 높았던 영국의 한 지역을 역학 조사하여, 당시에 살아남은 아기들이 성인이 되어 심근경색에 많이 걸렸다는 것을 발견하기도 했다.

그는 모든 질병의 원인은 모태에 있다고 주장하면서 '저체중으로 태어난 아기일수록 성인기에 심혈관 질환과 성인병에 더 많이 걸린다'는 바커 가설(Barker hypothesis)을 발표하였다. 물론 바커 가설이 당시에는 무시되었다. 심혈관 질환, 뇌졸중, 당뇨병 같은 성인병은 나쁜 생활 습관 때문이라는 사회적 통념 때문이었다.

그러나 20년이 지난 뒤 이 가설은 태아가 자궁 안에서 있었던 일을 기억하고, 이를 토대로 태어난 후의 삶을 계획한다는 태아 프로그래밍으로 부활한다. 태아는 배 속 환경이 어려우면 바깥세상도 힘들 것으로 예측해서 그에 맞게 뇌와 신체를 적응시킨다는 것이다. 임신부가 먹는 음식, 숨 쉬는 공기, 느끼는 감정까지 태아와 공유한다는 사실이 과학적으로 밝혀진 것이다.

최근에 주목받는 후성유전학에서는 유전자와 환경의 복잡한 상호작용이 생명 현상임을 과학적으로 증명하고, 이를 토대로 태내 환경의 중요성을 강조한다. 고지방식을 즐기는데도 심장이 아주 건강한 사람은 태아기 때 영양 공급을 충분히 받아 지방과 콜레스테롤을 잘 분해하도록 프로그래밍되었기 때문에 심장 질환이 잘 생기지 않는다는 것이다.

미국 뉴욕주립대 의대의 존 크럴(John Krull) 교수는 아이가 부모의 유전적 소인이 없고 출생 후 식생활에 문제가 없어도 태내 환경에 의해 비만으로 이어질 수 있다고 주장한다.

⁞ 키와 지능, 기질과 성격까지 자궁 환경에 의해 결정된다

경제학자인 프린스턴 대학교 앤 케이스(Anne Case)에 따르면, 키는 인지 능력과 연관이 있어서 키가 큰 사람이 노동시장에서 후한 대접을 받는다. 케이스와 크리스티나 팩슨(Christina Paxson)은 영국인과 미국인을 대상으로 출생부터 성인 시기까지의 신장 기록과 시험 점수를 검토한 결과 키가 큰 아이들이 평균적으로 높은 IQ 점수를 받았다고 발표하였다.

키와 IQ 모두 엄마의 임신 당시 건강과 영양 상태, 흡연, 음주, 기타 약물 복용 여부, 유해물질에의 노출 등 태내 환경의 영향을 받기 때문에 키와 IQ는 상관성이 높다는 것이다.

예를 들어 늦여름이나 이른 가을에 태어난 아이들이 10세가 되면 키가 1cm 더 크고 뼈도 굵다고 한다. 이는 임신부가 임신 기간 동안 더 많은 햇빛을 받아 뼈를 만드는 비타민 D 생성이 촉진됐기 때문이다.

이 요인들은 인지 능력에도 똑같은 영향을 미친다. UCLA 대학의 샌드라 블랙(Sandra Black)은 1967~1987년에 노르웨이에서 태어난 쌍둥이 연구에서, 쌍둥이 중 출생 시 체중이 높은 쪽이 평균적으로 IQ가 높다는 사실을 알아냈다.

또한 다중지능 이론의 주창자인 하워드 가드너(Howard Gardner)는 출산을 전후로 건강에 적합한 환경에 놓인 아이와 숱한 위험에 노출된 아이의 IQ를 비교한 결과, 좋은 IQ를 가지려면 건강한 태내 환경부터 누적된 긍정적인 효과와 이를 촉진하는 생후 환경이 모두 중요하다고 하였다.

1997년 버나드 데블린(Bernard Devlin) 등이 〈네이처〉에 보고한 바에 따르면, 태내 환경이 IQ에 미치는 영향은 20%이고, 유전자의 영향은 34%라고 되어있다. 즉, 태내 환경이 지능에 미치는 영향은 아이가 자라는 시기보다 크면 크지 작지 않으며, 태내 환경이 열악한 임신부도 출산 전에 영양과 건강 관리에 유념하면 태어날 아이의 IQ를 높일 수 있다는 것이다.

태내 환경은 아이의 기질이나 성격에도 영향을 미친다. 서울대학교 이희정 교수는 임신부의 우울 수치가 높을수록 아이의 까다로운 기질 수치가 증가했다고 보고하고 있다. 이는 덴버 대학교의 앨리샤 데이비스(Alicia Davis) 교수의 지적처럼, 우울증이 있는 임신부의 높은 코르티솔 수치가 태아에게 전달되기 때문이다.

⋮ 아기는 태내 환경에서 옥시토신의 작용으로 엄마와 공감

모성 호르몬이라고도 불리는 옥시토신은 분만과 출산, 육아를 관장하는 호르몬으로 뇌의 시상하부에서 만들어진다. 그런데 이 옥시토신이 결핍되면 다른 사람의 고통과 아픔을 봐도 공감하지 못한다. 즉, 아기는 태내 환경에서 옥시토신의 작용으로 엄마와 공감하며 태교를 충분히 받는 게 아주 좋다. 그런 아이는 울음도 금방 그치고 눈을 빨리 뜬다. 또한 자신을 안정된 상태에서 품었던 엄마를 각인하면서 출생 후에도 편안하게 새로운 출발을 하게 된다.

옥시토신은 엄마뿐만 아니라 태아도 만든다. 임신 초기부터 이 호르몬이 나오면서 엄마와 태아는 사랑의 기초를 다지는데 임신 후기로 갈수록 증가한다. 그러다가 태아가 옥시토신을 분비해 산모의 진통을 일으키면서 옥시토신의 분비량은 최대치가 된다.

태내에서 테스토스테론의 영향을 많이 받은 태아가 그렇지 않은 태아에 비해 태어나서 눈을 마주치는 횟수가 적고, 2세에 더욱 제한된 어휘를 구사하며, 4세에는 사회적 행동에 큰 어려움을 겪고, 8

세에는 공감 능력이 현저히 떨어진다는 보고도 있다.

이렇게 태내 환경이 태아에게 미치는 영향은 절대적이다. 물론 사회적, 경제적 여건도 태내 환경에 큰 영향을 미친다. 특히 생활 여건이 열악한 임신부는 음주, 흡연과 약물 복용의 가능성과 함께 식사가 불충분할 가능성도 많다.

또한 일상에서 받은 스트레스로 우울증이나 불안 장애가 생기거나 더 많은 트라우마를 겪을 수도 있고, 임신 기간 동안 주변의 도움을 받기도 힘들다. 때문에 적절한 산전 관리를 받지 못하면 조산이나 저체중아 출산 가능성이 크다고 볼 수 있다. 즉, 태내 환경은 사회적, 경제적 요건에 의해 많은 영향을 받는다고 할 수 있다.

산전 관리의 핵심은 임신부와 태아의 유대 관계이다. 갓 태어난 아기와 산모가 함께 시간을 보내는 것을 모성 유대라고 하는데 모성 유대가 잘될수록 아이를 더 잘 키우고, 아기의 발달도 더 좋아진다. 그래서 요즘은 태아 때 모성 유대를 시작하며, 초음파 스크린 속의 태아를 보고 애착을 느끼는 게 그 시작이라고 할 수 있다.

03

임신부와 태아를 돕는
'아빠 효과'

⠿ 엄마가 임신 중에 아빠가 경험하는 '쿠바드 증후군'

영국 버밍엄 의과대학교 교수이자 정신분석학자인 트레소완(W. H. Trethowan)은 엄마가 임신 중에 아빠가 경험하는 일련의 증상을 '쿠바드 증후군(Couvade Syndrome)'이라고 명명했다. 이 증상은 엄마가 출산하면 자연히 사라진다고 한다.

트레소완은 쿠바드 증후군을 조사하면서, 엄마가 임신하면 아빠도 식욕이 없거나 치통, 메스꺼움, 구토 같은 증세가 온다는 것을 발견했다. 특히 이런 증세들은 임신 3개월에 가장 빈번하게 나타났으며, 그 후 약간 감소했다가 마지막 달에 또다시 증가했다. 또 이

런 신체적 증상 이외에 무력증, 긴장감, 불면증, 신경과민, 말더듬증
과 같은 심리적인 증상도 수반한다고 밝히고 있다. 이것은 엄마가
임신 후 겪는 증상과 거의 유사한 것이다.

사실 많은 아빠들이 엄마의 임신 중에 육체적, 심리적 변화를 겪
는다. 아빠의 65%가 엄마의 임신 중에 피로감이나 메스꺼움, 두통,
구토, 심지어 위궤양까지 체험한다는 보고도 있다. 또한 아빠들은
엄마들과 마찬가지로 호르몬의 영향도 받는다. 이 과정에서는 페로
몬이 영향을 미친다. 페로몬은 신체적으로 가깝게 지내는 사람들을
미묘하게 이어주는 생화학적 메신저 역할을 하기 때문이다.

엄마가 임신하면 아빠는 경쟁이나 신체적인 공격성과 관련 있는
테스토스테론의 수치가 3분의 1 수준으로 떨어진다. 그로 인하여

아빠는 차분해지고 엄마가 가장 필요로 하는 시기에 곁을 지키며 도와준다. 또한 임신을 위해 엄마의 몸에는 수정란의 착상이 가능하도록 정자에 대한 면역 반응을 억제하는 항체가 생겨난다. 아빠의 정자를 받을 수 있도록 면역학적으로 특별히 혜택이 이루어지는 것이다. 그럼에도 아빠의 정자에 대한 반응으로 유산이 될 수 있으므로 아빠도 건강한 정자를 만들기 위해 노력해야 한다. 정자가 성숙되는 데는 적어도 3개월 이상 걸린다는 사실을 유념해야 한다.

⋮ 아빠는 임신한 엄마가 겪는 변화를 잘 이해해야 한다

좋은 아빠, 남편으로서의 역할을 잘하려면 임신한 엄마가 겪게 되는 변화를 잘 이해하고 있어야 한다. 임신 초기에는 심리적으로나 육체적으로 힘들기 때문이다. 메스껍거나 구토하거나 쉽게 피로해지거나 임신부 두통 등 일반적인 증세가 일어나고, 사람에 따라서는 신경과민이나 우울증이 수반되기도 한다. 특히 임신 초기의 임신부들은 쉽게 흥분하거나 신경질적으로 얘기하며, 과민 반응을 보이거나 성격이 까다로워진다. 또 남편에게 많은 것을 요구하기도 하고, 곧잘 울음을 터뜨리는 등 연약함과 격앙된 감정을 보인다는 연구도 있다. 즉, 많은 임신부들이 즐거움과 우울함이 교차하는 감정 기복을 나타낸다.

임신 중기가 되면 임신 초기의 불유쾌한 징후가 대부분 사라진다. 그리고 임신 4개월에는 태아가 자신의 존재를 알리는 '태동'이 시작된다. 태동은 부모를 흥분시키기에 충분하다. 아기가 더 커지고 힘이 더 세지는 것은 엄마보다는 아빠에게 더 큰 기쁨을 가져다준다. 연구에 의하면, 아빠들 대부분은 아기의 태동에 기쁨을 경험했으나, 엄마들은 반 정도만이 기쁨을 표시했다.

임신 후기에 접어들면 임신부는 다시 자주 스트레스를 받게 된다. 이 시기의 임신부는 몸무게가 임신 전보다 11~13kg 정도 늘어서 몸을 가누기가 힘들 뿐 아니라 쉽게 지쳐버리기 때문이다. 특히 쉽게 피로를 느끼고, 팔다리가 붓거나, 숨이 가빠지는 등 육체적인 괴로움을 겪게 된다. 결국 임신 초기와 같은 걱정과 초조함을 다시 느끼게 되는 것이다. 거기다가 출산이 가까워짐에 따라 건강한 아이를 낳을지 어떨지 하는 걱정, 출산할 때 고통스럽지 않을까 하는 두려움이 점점 고조된다.

⋮ 엄마의 임신은 아빠도 변하게 한다

흔히 임신은 아빠도 변하게 하며 그 변화는 비관적이거나 부정적인 것이 아니라 큰 즐거움이 될 수도 있다. 어떤 아빠들은 아내의 임신 중에 수염이나 구레나룻이 늘어나고 몸무게가 느는 등 외모가 바뀌기도 한다. 이런 변화는 임신한 아내에 대한 연민이나 공감과 깊은 관계가 있다고 알려져 있다. 아이에 대한 관심이 늘면서 육아 책이나 부모의 역할에 대한 책을 열심히 읽기도 한다. 또한 아이가 생김으로써 늘어날 지출에 대비하여 금전적인 고민을 하면서 부업을 갖는 아빠도 있다. 물론 아빠의 여러 가지 모습은 아기의 탄생에 도움이 되고자 하는 노력이기도 하고, 앞으로 겪게 될 여러 일에 대한 걱정과 근심의 방어 본능이기도 하다.

사실 아빠들은 엄마의 임신 기간 동안 많은 것을 걱정한다. 이 기간에는 아빠들이 엄마들보다 더 걱정한다는 보고도 있다. 심지어 아빠들은 출산하는 날 제시간에 병원에 도착할 수 있을지, 정상적인 아이가 태어날지 하는 두려움과 더불어 병원비와 양육비의 부담과 책임감도 강하게 느낀다.

임신하고 있는 동안은 아빠가 엄마에게 정서적으로도 매우 호의적이다. 예를 들어 텔레비전의 채널권을 임신한 아내에게 철저히 양보하기도 한다. 이런 정서적인 도움은 아기가 태어나고 4개월이 지나면서 임신 전의 수준으로 떨어진다. 그러나 임신 중에 받는 아빠의 정서적인 도움은 엄마가 초기 임신에 적응하는 데 중요하다. 또한 임신 중기에는 친부모와 다른 가족, 친구, 친척의 도움도 중요해진다. 다른 사람들의 도움과 더불어 다른 여자들과 임신의 경험을 비교하고 출산에 대한 얘기를 나누는 것들이 필요하기 때문이다.

: 아내의 임신에 관심이 높은 남편들이 육아도 더 잘한다

임신 기간 동안 아빠가 엄마를 정서적으로 배려해야 하는 중요한 이유는 엄마의 정서적 안정과 아기의 초기 발달이 밀접한 관계를 갖는다는 점이다. 아기가 탄생하고 처음 3일 동안 관찰한 연구에 따르면, 임신 중에 충분히 안정된 심리 상태를 유지했던 엄마에게서 태어난 아기는, 임신 중에 심리적으로 불안했던 엄마의 아기들보다 덜 보챘다. 특히 엄마가 임신 중에 아빠의 도움을 많이 받은 경우, 아기는 두 달이 지날 때부터 다른 아기들에 비해 짜증이나 신경질이 적었다.

아내의 임신에 관심이 높은 남편들이 나중에 육아도 더 잘한다. 관심이 컸기 때문에 아기가 출생한 후에도 우는 아기를 달래줄 수 있으며 많이 안아주는 것이다. 이런 태도는 엄마에게도 많은 영향을 미치는데, 임신 기간 동안 행복한 엄마로 지내야만 아기가 태어났을 때 더 행복을 느낄 수 있다.

이미 큰아이가 있고 둘째를 임신 중이라면 아빠는 새로 태어날 동생에게 잘 적응할 수 있도록 큰아이한테도 신경 써야 한다. 둘째가 태어나면 큰아이는 부정적인 반응을 보이지만, 아빠들이 큰아이와 시간을 많이 보내면서 새로운 환경에 적응하도록 도와야 한다.

더러 엄마들은 임신 중에 힘들어서 큰아이에게 신경질을 부리기도 하고, 출산 후에도 새로 태어난 동생에게 온통 정신이 빼앗기기

일쑤이다. 큰아이에 대한 기존의 양육 방식이 바뀌고, 같이 지내는 시간이 줄어들며, 전보다 따뜻하게 대해주지 않아 큰아이가 상처를 받기도 한다. 특히 아이가 실수하면 전보다 더 가혹한 벌을 주거나 위압적으로 다루기도 한다. 때문에 아빠는 큰아이가 변화된 상황에 적응할 수 있도록 신경을 많이 써야 한다.

04

머리가 좋아지는
천재 태교는 있을까?

태교를 받은 아기들이 언어 능력, 운동 능력, 기억력 등이 향상

베네수엘라의 베아트리스 만리케(Beatriz Manrique) 박사는 1989년 부터 1995년까지 7년 동안 임신부 684명을 대상으로 태아 뇌 자극 프로그램을 진행하고 관찰했다. 이 실험에는 코라카스 빈민가에 사는 이들이 가족 단위로 참여했다. 연구 팀은 태교를 실시한 지역과 태교를 하지 않은 지역으로 나누어 생후 6년을 추적 관찰했다.

태교는 임신 기간 중 주당 2시간씩 모두 13주 동안 태아에게 노래를 불러주고 이야기하고 음악을 들려주는 내용이었다. 그리고 출생 직후, 한 달 후, 18개월 후, 3년 후, 4년 후, 5년 후, 6년 후 시점으로 나누어 여러 측면에서 아기의 발달을 측정했다. 그 결과, 태교를 받은 지역의 아기들이 그렇지 않은 아기들에 비해 청력, 시력, 언어 능력, 운동 능력, 기억력 등이 크게 향상된 것으로 나타났다. 특히 IQ는 태교를 받은 그룹의 아이가 14점이 더 높았고, 또한 정서적으로 온순하고 잘 웃을 뿐만 아니라 활동적이고 긍정적이며 협동적인 것으로 평가되었다.

특히 아기는 태내에서부터 생후 9개월까지 자신에게 들려오는 반복적인 소리를 뇌에 코딩함으로써 모국어의 체계를 학습하기 때문에, 방법에 따라 이중 언어를 위한 기초를 만들어줄 수 있다. 이렇게 뇌에 각인된 모국어는 나중에 그 언어를 습득하게 될 때 효과를 발휘할 수 있다고 한다.

서울대학교 인간공학연구소 이면우 교수는 엄마와 태아의 심장 박동을 동시에 측정하면서, 임신부가 기분이 좋았던 일을 상상하게 하는 연구를 진행하였다. 임신부가 기분 좋은 일을 회상하자 심장 박동이 빨라지기 시작했다. 그랬더니 30초쯤 후에 태아의 심장 박동도 같이 빨라지기 시작했다. 얼마간 시간이 지난 후 차분해지는데, 이는 흥분하는 속도보다 조금 시간이 걸리면서 천천히 진행됐다.

음악에 대한 반응 연구에 의하면, 임신부에게 편안한 음악을 들려주면 엄마와 태아가 모두 편안한 상태를 나타낸다. 그러나 엄마는 음악을 듣지 못하게 한 상태에서 아기에게만 음악을 들려주자 아기는 별다른 반응을 보이지 않았다. 이는 엄마의 기분이 태아에게 얼마나 많은 영향을 미치는지 단적으로 보여준 예이다. 엄마가 기분이 좋아지면 태아도 똑같이 좋아진다. 엄마가 슬프면 태아도 엄마의 우울함을 눈치챘다. 엄마의 기분이 태아에게 그대로 전달되기 때문에, 임신 기간 엄마는 될 수 있으면 편안한 마음으로 평온하게 지내는 것이 좋다.

⦂ 엄마와 피부 접촉을 자주 한 아기일수록 지능이 높다

엄마는 스스로 심신이 평안한 상태를 유지할 수 있도록 다음과 같은 노력을 기울여야 한다.

첫째, 엄마의 행복감이 먼저이다.

임신부의 행복감은 태아의 두뇌 성장에 직접적인 영향을 미친다. 일본 도쿄 대학의 오시마 키요시 교수는 태아의 기억력을 높이는 방법으로 엄마가 느끼는 행복감을 첫째로 꼽았다. 임신부가 행복하면 무엇보다 뇌에 나쁜 영향을 주는 스트레스 호르몬의 분비가 줄어든다는 것이다.

둘째, 규칙적인 생활을 하라.

태아는 명암 구분을 할 수 있어서 밤과 낮을 구별하기 때문에, 엄마가 규칙적인 생활을 하지 않으면 아기의 생활 리듬도 깨져버린다. 반대로 엄마가 규칙적인 생활을 하면 태아도 정상적인 생활 주기를 갖게 되고 두뇌 발달에 도움을 준다.

셋째, 배를 사랑스럽게 쓰다듬어라.

이는 배 속에 있을 때부터 아기에게 스킨십, 즉 피부 자극을 할 수 있는 아주 좋은 방법이다. 영유아기의 피부 자극은 곧 뇌 자극으로 이어져 두뇌 발달이 더욱 촉진되기 때문에 갓 태어난 신생아에게 '피부는 제2의 뇌'라고 하기도 한다. 엄마와 피부 접촉을 자주 한 아기일수록 지능이 높다는 연구 결과는 이제 더 이상 새로운 사실이 아니다. 이것은 유아교육자 또는 영재교육자들이 특히 강조하는 것으로 충분한 과학적 근거가 있다.

넷째, 애착 형성의 기회로 삼아라.

외국에서는 태교를 태아에 대한 애착(attachment)이라는 단어로 표현하기도 한다. 이 말에는 애착뿐만 아니라 부착, 사모, 애정 등의 여러 의미가 담겨 있다.

특히 '부착'이라는 의미는 의학적으로 임신 초기에 수정란이 자궁에 착상하는 것을 가리키기도 한다. 따라서 어떤 의미에서 임신부와 태아의 관계를 육체적으로 또는 정신적으로 가장 잘 표현하는 단어라고도 볼 수 있다.

다섯째, 아빠의 육아 참여가 필수적이다.

임신부의 정서에 가장 큰 영향을 주는 요인은 가족, 그중에서도 아빠와의 관계이다. 영국 글래스고 의대 데니스 스토트(Denis Stott) 박사가 1,300여 명의 아기와 가족을 대상으로 한 연구에 의하면, 행복한 결혼 생활을 하는 부부에 비하여 자주 싸우고 불안정한 부부 사이에서 태어난 아기가 정신적, 신체적 장애에 노출될 위험이 약 2.5배나 높았다.

또 자주 공포심에 빠지거나 신경질적인 아이가 될 확률도 5배 더 높았다. 화목한 가정 환경과 행복한 부모 사이에서 태어난 아이가 인성도 좋으며, 더 건강하게 자라날 수 있다는 얘기이다.

여섯째, 좋아하는 것을 하라.

연구에 의하면, 태교를 위한 음악 감상이 태아의 수면을 방해할 수도 있다. 이런 관점에서 본다면 임신부가 좋아하는 음악을 듣고, 몸에 좋은 음식을 먹고, 스트레스를 받지 않는 것만큼 좋은 태교는 없다.

엄마가 편안하고 안정된 마음을 갖고 10개월을 지내면 아이의 인성은 자연히 좋아진다. 때로는 무엇을 더 하는 것보다 하지 않는 것이 좋을 때도 있다. 태교도 그에 해당된다. 그저 좋은 것만 생각하고, 좋은 것 보고, 좋은 것 먹는 일에 몰두하자. 이것만큼 좋은 태교는 없다.

⋮ 인간의 지능을 결정하는 요인으로 자궁 내 환경이 중요하다

그렇다면 바람직한 자궁 내 환경은 무엇일까? 미국 피츠버그 대학교 의과대학 정신의학과의 버나드 데블린 박사는 출산 전 태내 발달 시기의 조건이 IQ에 크게 영향을 미친다고 주장했다. 그의 연구에 따르면, 임신 중의 음주나 흡연, 유해물질 노출, 엄마의 스트레스로 인한 육체적·정신적 변화, 영양 상태 불량은 자궁 환경을 해치는 큰 요인이다.

데블린 교수는 IQ에 관한 기존의 212개 연구 보고서를 분석한 결과, 아이의 IQ를 결정하는 데 유전자는 48%밖에 역할을 하지 않는다고 결론을 내렸다.

여기에 부모의 유전자가 조합되는 데 따른 시너지 효과까지 감안하면 실제 유전적 요인이 지능을 결정하는 역할은 34% 정도에 불과하다는 것이다. 오히려 인간의 지능을 결정하는 요인은 환경, 즉 자궁 내 환경이 더 중요하다는 이야기이다.

영양분이나 산소가 부족하다든지, 알코올이나 각종 독성물질이 임신부의 몸 안에서 작용하는 경우 태아의 신경세포 이동에 심각한 문제가 생길 수 있다.

특히 임신 6~12주의 결정적인 시기에 세포의 여행길이 중단되면 이 세포들은 자기 자리를 올바르게 찾지 못하게 된다. 그러면 태아의 뇌 발달에 이상이 생겨 학습 능력 장애나 신체 장애, 지적 장애와 같은 문제가 생기는 것이다.

사람의 자질 형성에는 두 가지 중요한 요소가 있다. 하나는 유전 인자이고, 또 하나는 환경에 대한 적응력이다. 유전인자는 타고나는 것으로, 사람의 힘으로 변화시키는 것이 어렵다. 반면 적응력은 어떤 개체가 처한 환경, 조건, 교육 등에 따라 자신을 변화시켜 순응하는 능력이다. 이것이 바로 교육의 효과를 생겨나게 하고, 인류가 문화의 발달을 지속해온 요인이기도 하다.

동물은 엄마의 배 속에 있을 때부터 환경과 경험에 따라 적응이 이루어지고, 그 적응 결과는 다시 2세에게 유전되면서 진화했다. 물론 지능이 유전의 영향을 많이 받는지, 환경의 영향을 많이 받는지에 대한 주장은 학자마다 다르다.

05

두뇌태교의 핵심은
태담이다

⦙ 뇌의 뉴런을 연결하는 가지가 바로 시냅스이다

성인의 뇌 무게는 체중의 2~3%에 불과하지만 태아의 뇌 무게는
몸무게의 10%가 넘는다. 세포 분열을 끝낸 뉴런으로 구성된 성인
의 뇌에 비해 태아의 뇌는 세포 분열이 왕성하다. 태아의 뇌는 임신
개월 수가 높아지면서 모양과 기능이 급격히 변한다. 미국의 신경
해부학자 갈렌(Gallen)은 태뇌의 구조를 관찰해, 평평하던 뇌 표면
이 임신 24주 정도가 되면 주름이 생기기 시작한다는 사실을 알아
내고, 임신 20주부터 출생 시까지 약 2주 간격으로 변화하는 뇌의
겉모양으로 임신 주수를 추정할 수 있다고 했다.

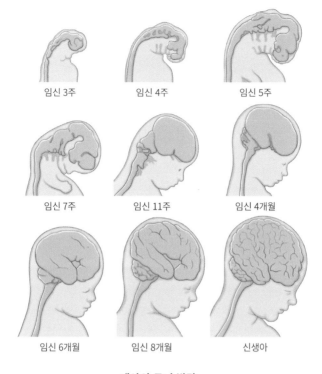

임신 3주   임신 4주   임신 5주

임신 7주   임신 11주   임신 4개월

임신 6개월   임신 8개월   신생아

태아의 두뇌 발달

난자와 정자가 수정하는 순간부터 출생하는 순간까지 태아가 겪는 약 10개월의 기간은 지구에서 생명체가 출현한 이후 약 36억 년 동안 이루어진 모든 진화 과정을 담고 있다. 그 기간 동안 태뇌는 원시적인 뇌에서 인간의 뇌로 진화하며, 출생 후 36개월까지 5,000년 인류 역사의 발전 과정을 압축해서 습득한다. 아기는 이 시기에 언어가 없던 원시 문화부터 고도의 현대 문화까지 습득하며, 걷는 것은 물론 말하기와 읽기까지 익힌다.

태뇌는 그저 발달만 하는 것이 아니라 스스로 생명체로서의 기능도 한다. 뉴런은 임신 초기에 신경관이 만들어진 직후부터 생성되는데, 1분에 50만 개, 하루에 7억 2,000만 개씩 새롭게 만들어진다. 또한 태뇌는 임신 2개월부터 본격적으로 분화한다.

임신 3개월이 되면 척수의 뉴런은 손과 발의 끝까지 이어지면서 근육과도 결합한다. 임신 4개월에는 간뇌, 중뇌, 연수 등의 뉴런이 완성되고 대뇌에서도 부지런히 뉴런이 만들어진다. 임신 5개월이 되면 인간이 평생 가지고 살아가게 되는 1,000억 개의 뉴런이 대부분 만들어진다.

또한 뉴런은 네트워크를 형성하고 정보를 처리하거나 저장한다. 이때 본격적으로 뇌의 뉴런을 연결하는 가지가 뻗기 시작하는데, 이런 가지 뻗기가 바로 시냅스이다. 이 시냅스는 정보 전달의 핵심적인 역할을 한다. 완성된 뉴런의 연결 가지는 1,000조 개에 육박한다. 결국 태뇌는 임신 6개월 무렵이 되면 무게가 400g 정도 되는데, 뇌를 제외한 몸무게가 350g임을 감안하면 머리가 몸집보다 더 큰 상태임을 알 수 있다.

최근에는 태아도 학습할 수 있다는 연구 결과가 이어지고 있다. 태아가 학습하고 기억한다는 것은 엄마의 자궁 안에서 뇌가 상당한 수준까지 발달한다는 것을 의미한다. 태아는 수정 후 4주가 지나면 뇌의 기본 구조가 형성된다. 또한 임신 3개월이 되면 엄마를 통해 외부의 자극에 반응하기 시작한다. 임신 5개월에는 이미 정신 활동을 하는 하나의 인격체가 된다. 임신 6개월에는 귀 모양이 형성되면서 바깥에서 나는 소리를 들을 수 있는데, 이것은 뇌가 기능하고 기억할 수 있다는 것을 의미한다.

:: 임신 7개월 이후 태아의 기억력이 크게 발달한다

임신 7개월 이후 태아의 기억력이 크게 발달한다는 보고도 있다. 좋은 예로 프랑스에서는 자폐증에 걸린 아이를 치료하는데 의사가 우연히 영어로 이야기했더니 아이가 알아들었다는 경우도 있다. 즉 어떤 말에도 전혀 반응이 없던 아이가 영어를 기억한 것인지 반응을 보였다는 것이다.

물론 이 아이는 영어를 배운 적이 없었다. 하지만 아이의 엄마가 임신 중에 무역회사를 다니면서 영어만 사용했다는 사실이 밝혀졌다. 비슷한 사례들은 이 외에도 많다. 태어나서 한 번도 들어보지 못한 바이올린 연주곡을 아이가 정확하게 흥얼거리는 것을 보고 놀랐다는 예도 있다. 이것 역시 출산 전에 엄마가 그 음악을 자주 들었던 경우였다.

태아의 학습은 REM(Rapid Eye Movement)수면과 관련이 있다. REM수면은 연습하는 수면으로서 단기기억을 장기기억으로 조직화하고 체계화하기 때문에, REM수면을 방해하면 암기, 기억 등의 학습 효과가 떨어진다. 뇌과학자들은 태녀도 내용이 쉽고 단순한 학습 후에는 REM수면에 별다른 변화가 없으나, 내용이 복잡하고 생소하며 중요한 학습을 한 후에는 움직임이 크게 증가한다는 사실을 밝혀냈다. 즉, 태녀도 학습하는 것이다.

태아는 오감을 느낄뿐더러 불완전하지만 기쁨, 불안 등의 감정도 생긴다. 그리고 엄마 목소리와 타인의 목소리를 구별할 수 있으며, 엄마의 목소리를 더 편하게 받아들인다. 엄마 배 속에서 느끼던 미각에 따라 맛의 선호가 달라지며, 배 속 환경에 의해 IQ 발달에도 영향을 미칠 수 있다.

물론 뇌의 기본적인 발달이 이루어지는 이때 인성의 기본 바탕도 이루어진다. 중요한 것은 태아기부터 만 3세까지의 뇌 발달이 평생의 건강과 인성, 지능을 결정한다는 사실이다. 그중에서도 뇌 발달의 밑그림을 그리는 중요한 시기가 바로 태아기이다.

태아에게 가장 중요한 감각은 청각이다. 태아는 임신 3개월이면 외이, 중이, 내이가 생기고 소리의 자극을 느낄 수 있다. 임신 6개월에는 청각 기관이 거의 완성되어 엄마의 몸 밖에서 발생하는 대부분의 소리를 들을 수 있고, 또 큰 소리에 반응을 보이기도 한다. 임신 8개월에는 소리를 구분하고 소리의 강약, 고저 등에도 반응할 뿐 아니라, 임신 10개월에는 특정 소리를 듣고 좋고 싫은 감정을 나타내기도 한다.

태아가 엄마의 목소리를 구별한다는 것은 지극히 당연한 것으로,

엄마의 목소리를 기억할 뿐 아니라 주변의 시끄러운 소리, 불쾌한 소리, 짜증 나는 소음들을 모두 구별한다.

청각보다는 늦게 발달하지만 시각의 발달도 태아 때 이루어진다. 임신 7개월 이후에는 눈을 감거나 뜰 수 있고 안구 운동이 활발해진다. 이 시기에는 외부의 빛에 반응하며 꿈틀거리기도 하는데, 엄마가 산책을 나가 일광욕을 하면 아기도 느낄 수 있다.

미각과 후각도 일찍부터 발달한다. 임신 7주에 태아는 벌써 혀에 맛을 느끼는 꽃봉오리 모양의 미각 기관인 미뢰가 약 1만 개 나타나고, 임신 7개월에는 단맛과 쓴맛을 느낄 수 있다. 실제 엄마가 단 것을 먹으면 태아도 양수를 계속 삼키는 것을 초음파를 통해 볼 수 있다. 태아는 임신 7주가 되면 코 안에 후각 상피세포가 자리를 잡고, 4~5개월이면 냄새를 맡는 후모와 그 신호를 받을 뇌의 영역이 만들어진다. 이에 따라 임신 6개월이면 양수를 통해 냄새를 맡고 뇌로 인지하는 것이 가능해지며, 임신 8개월에는 엄마 냄새도 기억할 수 있다.

태아의 촉각도 중요한 역할을 한다. 임신 10주에 이미 태아의 피부에 촉각 전달 신경이 나타나기 시작하는데, 임신 4개월에는 손가락과 입술 감각이 발달하고, 임신 5개월이 되면 입으로 손가락을 빤다. 촉각을 담당하는 뇌가 서서히 기능을 하면서 임신 6개월에는 양수의 움직임을 피부로 느낄 수 있고, 임신 9개월이면 외부 자극에 반응을 보인다. 엄마가 움직이거나 가벼운 운동을 하면 양수의 파동으로 태아의 촉각을 자극할 수도 있다.

태아는 촉각과 함께 통증도 느낀다. 임신 26주에서 34주 사이에 통증을 느끼는 신경회로가 태아에게 형성되는데, 바늘에 찔렸을 때 탯줄 혈액을 검사해보면 베타-엔도르핀(인체가 통증을 느낄 때 저절로 나오는, 진통 효과를 가진 호르몬)이 증가한다고 한다.

⁝ 태담은 태아와의 상호작용과 의사소통에 중요한 의미

태뇌는 태아가 세상에 태어날 때까지 유전자 프로그램에 따라 자동으로 구성된다. 이 프로그램은 탄력적이고 융통성이 있어서 외부와의 상호작용에 따라 어떤 환경에서도 직접적인 영향을 받는다. 이때 부모가 할 수 있는 가장 중요한 일은 바로 태아와의 상호작용, 즉 사랑의 감정을 주고받는 교감이다. 이 교감을 잘하려면 태아에 대해 제대로 알아야 한다.

태아는 임신 23주 무렵에 소리를 감지한다. 1988년 프랑스의 릴 가톨릭 대학교의 케르뢰(Querles) 교수는 자궁 내의 태아도 외부의 말, 즉 소리를 들을 수 있다는 사실을 발표했다. 이 사실은 2001년 이스라엘의 슈머(Schmer) 박사에 의해 증명되었다. 외부에서 나는 소리가 양수에 파동을 만들고, 이 파동이 태아 두개골의 내이를 자극함으로써 태아가 소리를 듣게 된다는 것이다.

최근 연구에 의하면, 태아는 외부 음향 중 음성의 30% 정도를 인식하며, 특히 억양을 거의 모두 구별한다. 이러한 현상은 음악의 멜로디와 외국어의 억양을 구별하는 것과 같다. 또한 태아는 엄마의 목소리는 물론 다른 목소리를 흉내 내도 이를 구별해낸다고 한다. 이는 태아가 임신 말기에 자궁 내부는 물론 자궁 외부의 소리를 기억한다는 뜻이다.

건강한 임신부 10명에게 출산하기 1개월 전부터 두 가지 소리를 준비하여 매일 일정한 시간에 자궁 속 태아에게 들려주게 했다. 하나는 아름다운 차임벨 소리였고, 또 다른 하나는 약간 시끄러운 자명종 소리였다. 소리를 들려줄 때마다 자궁 속 태아의 심장 박동 변화를 측정하였더니, 소리에 따라 약간 다른 반응을 보였다. 이후 아기가 태어난 다음, 같은 소리를 들려주고 반응을 살폈다. 신생아들은 모두 자궁 속에서 보였던 것과 동일한 심장 박동 변화를 보였으며, 동물 실험에서도 같은 결과를 얻었다. 즉, 신생아들은 자궁 속 태아 시절에 들었던 소리를 태어난 후에도 기억한다는 것이다.

태담은 태아와의 상호작용과 의사소통에 중요한 의미를 갖는다. 태아는 소리를 들려주면 움직임이 증가하거나 눈 깜박이기, 심장 박동 증가 등이 관찰됐다. 과학자들은 임신 18주에서 39주 사이의 임신부들에게 일정한 소리를 들려주고 태아가 어떤 경로로 느끼는지를 살펴보았다. 그 결과, 태아는 성인과 마찬가지로 청각 경로와 진동 경로를 모두 사용하고 있었다. 단, 만삭 때는 청각 경로가 진동 경로보다 다소 우세한 것으로 나타났다.

　대부분의 부모는 '아기가 더 똑똑해진다', '상상력이 풍부해진다', '음악성이 발달한다' 등의 이유로 학습태교를 한다. 하지만 태아는 아주 중요하고 힘든 과정을 겪고 있는 데다 아직 외부의 자극 등을 받아들일 수 있는 시스템도 완전하지 않다. 따라서 태아에게 직접적인 영향을 미칠 수 있는 교육 프로그램은 신중하게 접근해야 한다. 그러나 태담에 대해서는 태뇌의 발달에 미치는 긍정적인 효과가 입증되었다.

　태아에게 가장 익숙하고 편안한 청각 자극은 엄마와 관련된 소리들이다. 목소리는 물론이고, 특히 엄마의 심장 박동은 태아가 가장 좋아하는 소리이다. 조산아들을 대상으로 한 실험에서, 인큐베이터 속의 아기에게 엄마의 심장 박동을 녹음해서 들려준 후 24개월이 되었을 때 IQ를 검사하면 심장 박동 소리를 듣지 못한 아기에 비해 IQ가 높다는 연구 결과가 밝혀지기도 했다. 엄마의 편안한 몸과 마음의 상태야말로 태아에게 가장 좋은 자극과 환경이 된다.

06

태아에게 치명적인
엄마의 스트레스

∶ 태아는 엄마 배 속에서 엄마의 스트레스, 생각과 감정을 느낀다

1998년 1월 6일부터 1주일 동안 캐나다 퀘벡을 휩쓴 얼음 폭풍은 캐나다 최악의 자연재해로 알려져 있다. 당시 거기에 살던 사람들은 거의 40일 동안 전력이 끊긴 채 대피소에 갇혀 지내야 했다.

한편 이런 상황에서 캐나다 맥길 대학교 정신건강의학과 수전 킹(Susan King) 교수는 당시 임신 중이었던 여성 150명이 낳은 아이들을 주기적으로 추적하고 조사했다. 가장 먼저 나온 결과는 얼음 폭풍 기간 중에 스트레스를 많이 받은 임신부일수록 아이의 출생 체중이 적었다는 것이다. 임신부가 예상치 못한 급성 스트레스를 받으면 자궁 혈관이 수축되고 태아에게 갈 혈류가 감소된다. 때문에 오랫동안 영양과 산소를 공급받지 못한 태아는 정상적으로 성장하지 못하고, 상황이 나빠지면 자궁 내에서 40주를 미처 채우지 못하고 조산될 우려가 있다. 만일 태아가 이런 상황에 처한다면 태아는 자궁 안에서 위험을 감수하는 것보다 일단 나가는 것이 낫다는 본능적인 반응을 일으키게 된다. 그것이 조산이다.

체중이 적게 태어난 이 아이들을 생후 24개월에 다시 평가해보니 인지력과 언어력도 떨어지는 것으로 나타났다. 연구자들은 이 아이들이 6세가 넘으면 태아기 때의 영향이 사라지리라고 예상했지만 그 영향이 지속된 것으로 보았다. 특히 얼음 폭풍 기간 중에 임신부가 극심한 고통을 겪었을수록 아이들은 주의력 결핍과 행동 장애를 더 많이 보였다. 그 후 11세가 된 이 아이들의 뇌 MRI를 찍었는데, 스트레스를 많이 받은 임신부의 아이들은 해마 영역이 보통 아이들보다 작게 나타났다. 해마는 학습과 감정, 그리고 스트레스 조절에 중요하다. 또한 이 아이들은 13세가 되면서 불안증과 우울증이 많이 나타났다. 즉, 이런 결과는 임신부의 극심한 스트레스가 태아에게 직접 영향을 미친다는 증거이다.

결국 임신부의 과도한 스트레스는 임신 자체를 위험하게 하고, 태뇌와 태아의 성격에 평생 영향을 미칠 수 있고, 우울증이나 정신질환을 유발할 수도 있으며, 태어난 후에도 스트레스에 과민할 가능성이 높다고 요약할 수 있다. 또한 원하지 않는 임신을 한 엄마로부터 태어난 아기에게 정신분열증 빈도가 높다는 연구 조사도 있다. 그만큼 태아는 엄마 배 속에서 엄마의 스트레스, 엄마의 생각과 감정을 그대로 받고 느낀다는 것을 기억해야 할 것이다.

⋮ 임신부의 코르티솔이 높으면 태아의 코르티솔도 높아진다

임신부의 극심한 스트레스는 코르티솔과 밀접하다. 코르티솔은 스트레스를 받으면 증가하지만, 일정한 양에 도달하면 생산을 중단하라고 뇌에 신호를 보내 스트레스를 조절하기 때문이다.

임신부의 코르티솔이 높으면 태아의 코르티솔도 높아지는데, 출생 후에도 코르티솔의 수준은 유지된다. 따라서 임신부의 과도한 스트레스는 태아의 스트레스 반응을 증가시키고, 그 아이가 태어나면 외부의 위험에 더 민감하고 예민하게 반응한다. 이런 아이들은 부모와의 애착 형성에 어려움을 겪거나, 자신의 의견 관철을 위해 막무가내로 바닥에 누워서 떼를 쓰는 아이로 자랄 수도 있다. 그래서 코르티솔의 양은 너무 많아도 안 되고 너무 적어도 안 된다. 코르티솔이 너무 적으면 근육이 약해져서 스트레스에 대처할 수 있는 에너지를 만들 수 없고, 코르티솔이 너무 많으면 뼈가 약해지고 신경이 쇠약해지며 위궤양 같은 질병에 걸리게 된다.

물론 모든 스트레스가 태아에게 나쁜 것만은 아니다. 우리에게 일정한 양의 코르티솔이 필요한 것처럼 태아에게도 코르티솔은 꼭 필요하다. 코르티솔은 태아의 폐와 간, 신장, 면역 체계, 그리고 출생 후 신체의 각 기관에 꼭 필요한 물질이기 때문이다.

또 임신부의 코르티솔 수준이 적당하면 태반이 태아에게 가는 코르티솔을 막아준다. 반면 스트레스가 며칠 또는 몇 주에 걸쳐 과도한 경우에는 높은 코르티솔이 세포를 약하게 만들고, 동맥경화 등의 질병까지 일으킨다. 우리 몸의 많은 장기와 세포들은 코르티솔 덕분에 상처에서 회복되지만, 만성적인 스트레스는 세포의 빠른 노화와 파괴를 일으킨다. 특히 뉴런이 코르티솔에 취약한데, 과다하면 뇌하수체의 빠른 노화로 기억력이 떨어진다.

한편 임신 중 자궁 안에서 테스토스테론의 자극을 받지 못하는 태뇌는 여성의 뇌로 발달한다. 즉, 태아의 뇌가 남성이 될지 여성이 될지는 임신 중 분비되는 테스토스테론에 의해 결정되는 것이다. 테스토스테론은 임신 중기부터 태아의 고환에서 분비된다. 그런데 이때 임신부가 스트레스를 받으면 분비에 문제가 생겨 뇌의 성 분화에 심각한 결과를 초래할 수 있다. 연구에 의하면, 임신 기간 중 스트레스를 많이 받는 어미 쥐에게서 태어난 수컷 새끼 쥐는 여성스러워졌고, 행동에서도 남성다움이 없어졌다. 즉, 스트레스로 인해 수컷 쥐의 고환이 작아지고, 이때 다량으로 분비된 안드로스테네디온(androstenedion)으로 인해 남성스러움이 감소되었다는 것이다.

ADHD(주의력 결핍과 과잉행동 장애) 등의 뇌 발달 장애가 남아에게 두드러지게 나타난다는 연구 결과도 있다. 즉 남자 태아는 뇌신경의 성숙이 여자 태아보다 천천히 진행되기 때문에 스트레스에 취약하다는 것이다. 따라서 남자 태아의 경우, 임신 중 스트레스 관리가 더욱 필요하다.

: 만성 스트레스에 시달린 태아는 뇌 발달이 늦다

임신부는 처음에 '내가 임신을 했구나' 하는 신비로움을 느끼지만, 점점 몸이 불편해지면서 감정의 변화를 겪는다. 그래서 평소라면 넘어갈 일도 짜증을 낸다거나 감정이 폭발하고 대인관계에 문제가 생기게 된다. 작은 일에도 민감하게 반응할 수 있다. 이러한 심리적 변화는 호르몬의 급격한 변화와 관련이 있다. 임신 중에는 여성호르몬인 에스트로겐과 프로게스테론, 코르티솔 등이 급격하게 늘었다가 출산 후에는 급격히 떨어지기 때문에 임신 중 또는 출산 후 우울한 기분에 빠지게 된다.

그러나 임신 중 호르몬의 변화가 꼭 부정적인 것만은 아니다. 영국 브리스틀 대학교 레베카 피어슨(Rebecca Pearson) 교수팀은 임신부 76명을 대상으로, 모니터에 다양한 표정의 얼굴 사진을 띄우고 무슨 감정일까를 맞히게 했다. 이 실험은 임신 초기와 후기 두 번에 걸쳐 진행됐는데, 그 결과 공포나 분노 같은 부정적인 감정을 읽어내는 능력이 임신 후기로 갈수록 높아지는 것을 발견했다. 임신 후기에 임신부는 자신과 태아에 대한 위협감에 더 민감해지고 엄마로서 갖는 경계심이 더 커지는 것이다.

그런데 또 다른 연구에 의하면, 임신부가 기쁨에서 슬픔으로 감정 전이가 생겼을 때 태아의 반응이 한결같이 위축되었다. 임신부의 몸에서 일어나는 호르몬 변화가 태아에게 고스란히 전달되어 영향을 미치기 때문이다.

그뿐만 아니라 만성 스트레스에 시달린 태아의 뇌는 그렇지 않은 태아보다 뇌가 성장하지 못한다는 보고도 있다. 뇌가 제대로 성장하지 못하면 뇌에 필요한 에너지를 만들지 못해 결국 성장이 멈춘다. 이런 태아들은 태어난 후에도 뇌 발달이 늦다. 기억력도 정상 신생아에 비해 뒤떨어지며 면역 기능도 약한 것으로 조사되었다.

⁛ '긍정적 스트레스'는 독이 아니라 약이 된다

인간에게 어느 정도의 스트레스는 최적의 발달을 위한 필요조건이 될 수 있다. 적절한 스트레스는 독이 아니라 약이 된다는 것인데, 의학계에서는 이것을 '긍정적 스트레스'라고 부른다. 스트레스의 문제는 오직 과도했을 때만 발생하며, 이런 스트레스는 '부정적 스트레스'라고 부른다. 한편 자극이 너무 없는 것도 일종의 스트레

○ 명상만을 위한 장소는 필요 없다. 집에서 가장 조용한 방이면 되고, 수유실로 쓸 방이라면 바람직하다. 어디든지 작은 소음은 있으므로 아주 작은 소음까지 완전히 없애려고 애쓰지 않아도 된다.

○ 의자에 앉아서 양손을 무릎 위에 놓는 것이 좋다. 이 자세는 육체적, 정신적으로도 편안한 자세이다. 등을 쭉 편 바른 자세로 호흡을 편하고 쉽게 하는 것이 가장 중요하다. 이것은 임신 말기에 무엇보다 중요하다.

○ 앞에 놓여 있는 조그만 물체를 보거나 어떤 이미지를 떠올려보라. 얼굴 표정도 편한 상태를 유지하라. 눈앞의 사물을 마치 난생처음 보는 것처럼, 또 다른 세계인 것처럼 대하라.

○ 어떤 간단한 생각이나 말, 또는 상상 속의 대상이 집중력을 높일 수 있다. 태명이나 아기의 모습을 생각하고, 속으로 아기 이름을 많이 말해도 좋다.

스로 작용한다. 변화가 없는 무료한 상황이 부정적인 감정을 갖게 하기 때문이다.

이런 관점에서 보면 임신 중 직장 근무는 과도한 것이 아니라면 오히려 긍정적인 효과를 발휘한다. 일하지 않는 여성은 우울증을 겪을 확률이 더 크고, 신생아의 체중도 적게 나갈 확률이 더 높다. 다만 선택의 폭이 있다면 임신 초기에는 스트레스가 많은 곳에서 근무하는 것보다 업무 부담과 근무 시간이 적은 곳에서 일하는 것이 긍정적이다.

그리고 가능하다면 휴가를 갖는 게 좋다. 휴가를 가진 임신부는 휴가가 없는 임신부보다 제왕절개 비율이 4배나 낮은 것으로 나타났다. 제왕절개가 자연분만보다 비용이 더 들고 산모의 회복 시간도 더 길기 때문에, 산전 휴가를 갖는 것은 경제적으로도 바람직하다.

또한 임신부 요가와 같은 이완 운동을 하는 것이 중요하다. 이런 운동을 하면 스트레스 호르몬인 코르티솔의 혈중 수치가 줄고 스트레스도 덜 느끼기 때문이다. 편안하게 앉아서 휴식을 취하며 심호흡을 할 때 호흡을 세 번까지 세고 나서 다시 한 번으로 돌아가는 식으로 반복하는 것도 좋다.

스마트폰 중독은 경계해야 한다. 많은 임신부가 무료함과 불안감을 떨치기 위해 스마트폰에 빠지는데, 지나친 사용은 좌우 두뇌의 균형은 물론 스트레스에 대한 저항력을 떨어뜨린다.

07

임신부 우울증은
조산의 원인이다

⋮ 생명의 출발선에서 이미 아이는 어떤 사람이 될지 결정된다

데쿤 리 박사와 다이애나 델 박사는 임신 중 우울증이 생각보다 심각하다고 밝혔다. 리 박사는 임신부 791명을 대상으로 조사한 결과 44%가 우울 증세를 갖고 있으며, 이 중 절반 정도는 치료가 필요할 정도로 심한 우울증 증세를 보이는 것으로 진단했다. 그는 이렇게 임신 중 우울증을 보인 여성의 출산 결과를 추적 조사한 결과, 우울증 임신부는 그렇지 않은 임신부보다 조산아를 낳는 경우가 2배나 높다는 사실을 발견했다. 여성에게는 임신 자체가 삶의 커다란 변화일뿐더러 엄청난 스트레스 요인으로 작용할 때 임신부 우울증에 걸리게 된다. 출산과 양육에 대한 불안 역시 임신부 우울증의 원인이 되기도 한다.

임신성 우울증의 대표적 증상은 불안증이다. 항상 초조하고 이유 없이 두려움과 불안감을 느낄 때가 많다. 우울증에 걸리면 짜증이 눈에 띄게 늘거나 예민해지며 지나친 폭식을 하기도 한다. 심하면 죽음이나 자살에 대한 충동을 느끼기도 한다. 또 불면증이 생겨 숙면을 취하지 못하거나 삶에 대한 의욕을 잃어 누워 있는 시간이 많아지기도 한다.

임신 중 우울증을 방치하면 임신부의 정신 건강뿐 아니라 태아에게도 영향을 미칠 수 있다. 임신 중 생긴 우울증을 치료하지 않으면 산후우울증으로 이어지는 경우가 많다. 또 임신할 때마다 우울증이 반복적으로 나타날 우려도 크다. 이 외에 임신부의 심한 스트레스나 우울증은 태아의 신체적, 정신적 발달을 저해하기도 하므로 주의해야 한다.

일부 임신부는 임신을 통해 더 큰 위기를 겪는다. 특히 우울증이나 불안 장애와 같은 정서적 문제를 겪는다. 그러나 연구에 의하면, 임신부가 같은 연령대의 임신을 하지 않은 여성보다 특별히 더 많은 정서적 문제를 겪는 것은 아니다. 사실 가임기 여성은 일반적으로 우울증이나 불안 장애를 겪을 위험이 가장 큰 연령대이다. 더구나 임신은 이러한 정서적 장애를 보호해주는 것도 아니다.

심리학자들은 임신부의 20%는 정서 문제나 불안을 경험하며

10% 정도는 우울증을 앓지만 다만 겉으로 드러나지 않을 뿐이라고 주장한다. 더구나 수면 습관이나 식사 습관이 변하고 기력이 없어지는 것은 임신 때문인지 우울증의 증상인지를 구별하기 어렵다. 특히 임신 초기에는 호르몬 변화로 인해 감정 기복이 커지는데 이때 입덧이나 유방통 등의 신체 변화는 우울증을 악화시킨다.

만일 우울한 감정, 집중력의 현저한 감퇴, 불면증, 과다한 수면, 자살이나 죽음에 대한 생각, 불안감, 죄의식이나 자존감 결여, 폭식이나 거식증 같은 증상이 2주 이상 지속된다면 임신 중 우울증일 가능성이 높다.

연구에 의하면, 우울증 임신부는 일반적인 임신부에 비해 코르티솔의 수치 변화가 천천히 일어난다. 우울증이 심할수록 코르티솔 수치의 변화가 줄어들어 하루 24시간 내내 코르티솔 수치가 일정하게 유지되기도 한다. 그것은 하루 종일 스트레스 반응이 켜져 있음을 의미하는 것이다.

임신성 우울증은 태어난 아이에게도 영향을 미친다. 임신 중 우울증과 불안 장애 등을 겪은 엄마의 아이는 성장하는 동안 충동성, 과잉행동, 정서 장애를 일으킬 확률이 높다. 기질이나 성격에 영향을 줄 뿐 아니라 정신질환에 취약한 아이를 만들 수도 있다. 자궁 환경이 다음 세대로 정신질환을 전달하는 통로가 될 수 있다는 것이다. 생명의 출발선에서 이미 아이가 어떤 사람이 될지 결정된다는 뜻이기도 하다.

: 우울증을 치료하지 않으면 임신부와 태아가 함께 위험하다

임신 중 우울증에 대처하기 위해 임신부는 어떤 노력을 해야 할까? 충분한 영양 섭취와 수분 공급, 양질의 수면, 적당한 운동 등으로 신체 컨디션을 좋게 만들어야 한다. 또한 마음이 힘들고 짜증 날 때는 주변 사람들, 특히 남편 등 가족에게 알려서 위로와 지지를 받는 등 적극적으로 심리적인 도움을 구해야 한다.

임신부들은 대부분 "힘이 넘치는 딸아이가 될 거예요. 어찌나 세게 차는지"라든가, "이 녀석은 올빼미예요. 제가 잠을 자볼까 하면 이리저리 움직여댄다니까요"라고 말한다.

임신부들은 아이가 어떤지 배 속에 있을 때부터 이미 묘사할 수 있는데, 이것은 태아와 교감하기 때문이다. 이런 활동을 함으로써 임신부는 태아에 대한 자신의 감정을 확인하고, 아이에 대한 관계와 기대를 파악할 수 있다.

미래에 태어날 아이에 대한 걱정과 두려움을 버리고, 긍정적이고 낙관적으로 예측하는 것도 중요하다. 임신을 긍정적으로 생각할수록 자궁을 안정시키는 황체호르몬이 많이 분비되기 때문이다. 반대로 임신을 불안해하고 초조해하면 황체호르몬 분비가 줄어든다. 또 스트레스로 인해 근육이 수축되는데, 자궁을 이루는 근육이 수축하면 그 안에서 자라는 태아가 영향을 받는다. 즉, 지나친 초조감, 긴장, 불안 등은 그 자체만으로 능히 유산의 요인으로 작용하기가 쉽다.

부디 임신부는 신체적 변화, 특히 외모의 변화에 대한 실망이나 좌절감보다 임신에 따른 자연스러운 변화를 긍정하는 자세가 필요하다.

임신 중의 우울증을 치료하지 않으면 임신부와 태아가 함께 위험하다. 아기를 조산할 가능성도 높다. 경미한 우울증을 보인 임신부의 조산 가능성은 60%가량 증가하고, 심한 우울증을 앓는 임신부는 저체중아 출산율이 거의 두 배가 된다는 연구 보고도 있다. 물론 이런 결과는 우울증 임신부들이 잘 챙겨 먹지 않고 술과 담배를 하거나 출산 전 관리가 적절하게 이루어지지 않는 등 자기 관리를 제대로 하지 못한 탓일 수 있다.

그러나 우울증에 시달리면 유산, 조산의 위험은 물론 태아의 발육 지연과 출생 후 성장 지연까지 초래할 수 있다. 때문에 우울증을 예사로 생각하면 안 된다. 우울증 자체만으로도 신체의 균형은 급격하게 변한다. 또한 임신 중 우울증은 산후우울증에 비해 사회적 관심도가 낮고 치료하는 데도 소극적이지만 반드시 치료해야 건강한 아이를 낳을 수 있다.

08

태아를 보호하는
태반은 '제3의 뇌'

: 임신 중 흡연은 태아에게 매우 나쁜 영향을 미친다

태아는 늘 위험에 직면하기 쉽다. 성인에게는 해롭지 않은 물질이 태아에게는 해로울 수도 있다. 특히 임신 중 흡연은 태아에게 매우 나쁜 영향을 미친다. 따라서 흡연 중이라면 하루라도 빨리 담배를 끊어야 한다. 알코올도 태아에게 매우 해롭다. 커피는 많이 마시지 않는다면 크게 문제가 되지 않는다. 어떤 일반의약품이나 민간 치료약이 치명적인 독성으로 작용할 수 있다. 건강식품, 영양 보조제, 식물의 잎으로 만든 차 등이 반드시 무해한 것이 아니다. 우리 주위에는 많은 위험 요소가 존재하는데, 엄마의 태반은 이러한 위험을 일부 걸러내기는 하지만 완벽한 것은 아니다. 따라서 안전한 임신을 위해 의사와 상담할 필요가 있다. 이것은 유전 질환 병력, 집과 직장에서 보내는 시간, 부모의 질환, 수정과 임신에 영향을 미칠 수 있는 약의 복용을 포함한다.

이 세상은 태아가 해로운 영향을 쉽게 받을 수 있는 곳이다. 태반이라는 것은 넘을 수 없는 울타리가 아니라 조그마한 빗장에 불과하다. 임신부와 태아를 구분하는 역할을 하는 태반은 태아를 보호하기 위해 여러 종류의 장치를 가지고 있다. 임신부와 태아에게 해를 입히기 전에 독소를 내보내는 작은 펌프와 태반 주위를 보호하는 면역 인자, 태반을 공격하는 분자들을 화학적으로 분해하는 효소를 포함하고 있다. 이 모든 장치들은 유해한 세균이 태아에게 도달하지 못하도록 확실하게 방지하면서 다른 필요한 성분들은 곧바로 통과시킨다.

분자가 태반을 통과할 수 있는지는 분자의 크기, 전하 그리고 용해성에 따라 결정된다. 분자가 해로운 것인지 아닌지를 판단해 결정하는 게 아니라, 크기가 작고 중성 전하를 띠며 지방에 쉽게 용해되는 분자는 독성 유무와는 상관없이 태반이라는 보호막을 쉽게 통과한다. 일단 태반을 통과한 성분은 임신부보다 태아에게 엄청난 영향을 미친다. 우선 태아는 크기가 매우 작기 때문에 똑같은 양의 화학물질에 노출되더라도 성인이 받는 영향보다 훨씬 큰 영향을 받는다. 또한 태아의 해독 능력과 면역 체계는 아직 미성숙한 단계여서, 몸으로 들어온 약물과 다른 화학물질을 효과적으로 제거할 수 없다. 더구나 태아는 매우 빠른 속도로 성장하기 때문에 아무리 적은 화학물질도 미치는 영향의 범위가 광범위할 수 있다.

태반은 태아의 두뇌를 발달시키기 위한 다양한 호르몬과 도파민 등 신경전달물질을 중간에서 저장하고 이동시킨다. 따라서 일부 학자들은 태반을 "태아의 제3의 뇌"라고 부른다. 제1의 뇌는 태아 자신의 뇌이고, 제2의 뇌는 임신부의 뇌를 의미한다. 따라서 임신부는 태반의 기능을 손상시킬 수 있는 저산소증부터 막아야 한다. 그러기 위해서는 임신부의 스트레스와 직결되는 혈관 수축을 방지해야 한다.

임신부가 스트레스를 받으면 태반의 혈관이 수축되어 태아에게 흘러 들어가는 혈액 양이 줄어든다. 그러면 자연히 호르몬, 효소, 신경전달물질 등도 동시에 감소한다. 태반의 기능이 떨어지는 것을 태반기능부전증이라고 하는데, 태반기능부전증이 태아에게 정신장애를 일으키거나 지능을 저하시킨다는 보고가 최근에 많아지고 있다.

임신부는 감기에도 취약하다. 가벼운 감기는 휴식을 통해 자가치료가 가능하지만 열이 38도 이상 오르면 태아의 신경계 손상이 우려되기 때문에 의사와 상의해서 적절한 해열진통제를 복용하는 것이 좋다.

먼저 알아야 할 것은 엄마가 먹는 약이 태아에게 영향을 미치는 것은 수정란이 자궁내막에 착상된 다음부터라는 점이다. 정자와 난자가 만나 수정된 뒤 약 일주일은 지나야 착상이 이루어지기 때문에 그 이전까지는 큰 문제가 없다. 수정란이 착상된 임신 초기에는 감기몸살이나 소화불량 증세가 나타나 감기약이나 소화제를 먹는 경우가 있다. 이때 임신 사실을 알고 불안해하기도 하는데, 따져보면 크게 우려할 필요가 없는 경우가 대부분이다.

⦂ 커피, 차, 콜라는 태아의 발육을 방해한다

임신부들은 여러 일반의약품을 피하라는 조언을 받는다. 뇌 성장 과정에서 임신 7개월부터 9개월 사이는 약품이 태반으로 들어갈 수도 있는 매우 취약한 시기이기 때문이다. 이때 약품이 태반에 들어가면 아기의 신경 발달에 이상이 생길 가능성이 높아진다.

대표적인 약물이 신경전달물질인 에피네프린 수용체를 활성화해 조산을 막아주는 테르부탈린이다. 테르부탈린은 그동안 임신부의 조산 예방을 목적으로 허용된 약물이었지만 실제로 효과가 없을 뿐더러 심각한 심장 문제를 일으킬 수도 있다고 밝혀졌으니 금해야 한다. 또한 스테로이드제 역시 조산의 위험이 있을 때 태아의 폐 발달을 도와주지만, 반복 투여하면 뇌 발달에 해를 끼친다.

결국 아무리 안전성이 입증된 약품이라고 해도, 태아의 뇌가 급격히 성장하는 임신 후반에는 위험하다는 것을 간과해서는 안 된다는 뜻이다.

식약청 가이드라인에 따르면, 임신 중이라도 적당한 카페인 섭취는 문제가 되지 않으며, 그 기준을 하루에 300mg 이하로 보고 있다. 카페인은 커피, 차, 초콜릿, 일부 탄산음료에도 들어 있는데, 섭취하기 전에 함유량을 확인해볼 필요가 있다.

만약 커피 외에 카페인 함유 음식을 먹지 않는다면 하루 세 잔까지는 문제가 없는 셈이다. 그러나 과잉 섭취는 불임과 저체중아 출산에 영향을 주는 것으로 알려져 있다. 커피, 차, 콜라는 태아의 발육을 방해하며 유산 또는 조산의 원인이 된다.

인체에서 뉴런을 조절하는 것은 아데노신이라는 물질이다. 통나무를 태우면 재가 되는 것처럼 세포는 특정 분자를 태워서 여러 화학물질을 생성한다.

뉴런이 아데노신3인산(ATP)을 태워서 나오는 물질이 아데노신이다. 정서적으로 힘들 때 굉장히 활성화된 뉴런이 많은 에너지를 소모하면 평소보다 많은 양의 아데노신이 만들어진다. 아데노신은 뉴런의 활성을 막고 피로를 느끼게 만든다. 카페인은 바로 아데노신의 역할을 저지하기 때문에 세포의 활성이 증가된다. 이렇게 카페인이 세포의 활성을 빨리 증진하기 때문에, 카페인을 섭취하면 덜 피로하고 더욱 힘을 얻게 되며 정서적으로도 안정되는 것이다.

문제는 규칙적으로 카페인을 섭취할 때 신체가 내성을 갖게 된다는 것이다. 내성을 갖게 되면 평소와 같은 효과를 얻기 위해서 훨씬 더 많은 양의 카페인을 섭취해야 한다. 연구 결과 하루에 커피를 1~3잔 마시는 임신부는 유산의 위험도가 증가하지 않았으나, 하루에 5잔 이상 마시는 임신부는 유산의 위험도가 증가하였다.

하루에 한두 잔의 커피를 마시는 정도는 유산으로부터 안전하지만 많은 양의 커피는 태아의 수면 패턴을 방해한다는 것이다. 태어나기 전에 잠이 필요한 태아에게서 잠을 빼앗는 것은 태어난 후의 아이에게 커피를 먹여서 못 자게 하는 것만큼 해로운 일이다.

09

음주와 흡연은
태아에게 위험하다

⦂ 임신 중 음주는 태아의 뇌에 미치는 영향이 심각하다

엄마의 배 속에서 반복적으로 알코올에 노출된 태아는 성장 속도
가 느리고, 태어난 후에 충분히 수유해도 흡수력이 떨어져 몸이 야
위고 왜소하다는 보고가 이미 오래전에 있었다. 이런 아이들은 머
리와 얼굴이 작고, 미간이 넓고, 코가 평평할 뿐 아니라 지적 장애,
과잉행동, 충동성, 사회성 결핍, 학습 장애 등을 보여 태아알코올증
후군(FAS)이라고 명명되었다. 태아알코올증후군 아이가 대중에게
알려진 것은 1973년 워싱턴대 존스(Kenneth Jones)와 스미스(David
Smith) 교수가 생후 11주~4세의 아이 8명에서 키가 작고 머리가 작

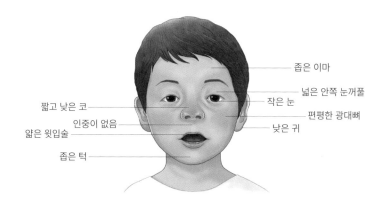

태아알코올증후군의 얼굴

으며, 얼굴은 납작하고 눈꺼풀은 늘어지고, 인중이 없고 윗입술이 밋밋한 등의 공통점을 발견하면서부터이다. 보고서에 언급된 아이들은 임신 중 지나치게 음주를 많이 한 임신부에게서 태어났다는 공통된 원인이 있었다.

2009년 국내 임신부 507명을 대상으로 한 연구에 의하면, 임신 중 알코올에 노출된 임신부는 36.8%에 달했고, 알코올 의존도가 높은 습관성 음주 임신부 역시 23.1%나 되었다. 임신 중 마신 알코올은 태반을 자유롭게 통과하여 태아의 심장으로 들어간다. 태아에게는 알코올 해독에 필요한 효소가 없기 때문에 태아에게 흡수된 알코올이 그대로 누적되어 태아알코올증후군의 원인이 되는 것이다.

특히 임신 중 음주는 태아의 뇌에 미치는 영향이 심각하다. 3세, 5세, 7세에 걸친 추적 연구에 의하면, 음주는 코카인 같은 마약의 노출보다 아이의 행동 양식에 더 심각한 영향을 미친다. 특히 태아의 뇌와 장기가 형성되는 임신 초기의 음주는 태아에게 매우 치명적이다. 이미 여성이 알코올 중독 상태라면 완전히 치료한 후 임신해야 한다. 임신 중 임신부가 단 한 번이라도 취할 정도로 마시면 태아의 뇌 발달에 영향을 미친다.

폴란드의 우르바니크(Andrzej Urbanik) 박사는 임신 중 알코올에 노출된 아이는 좌뇌와 우뇌를 연결하는 뇌량이 손상된다고 한다. 뇌량이 손상되면 좌우 뇌의 의사소통이 원활하게 이루어지지 않기 때문에 주의·집중력 결핍, 행동 장애, 과잉행동, 충동성 등을 초래할 수 있다.

⋮ 임신부의 흡연은 사실상 태아가 담배를 피우는 것이다

1997년 벨기에의 로렌스 갈란티 박사는 임신 중에 담배를 피운 임신부가 출산한 신생아의 혈액에서 담배를 즐겨 피우는 성인과 같은 양의 니코틴이 검출되었다고 보고했다. 이는 임신부가 흡연을 하면 태아도 사실상 담배를 피우는 것과 같을 뿐 아니라, 임신 중 담배를 피운 임신부가 낳은 신생아는 출생 후 며칠 동안 금단 증상을 겪을 가능성도 있다는 뜻이다.

임신 중 흡연은 유산, 사산, 조산, 저체중, 기형, 그리고 돌연사증

후군과 관련이 있는 것으로 알려져 있다. 또한 임신부가 담배를 피울 경우 아기에게 학습 및 행동 발달 장애가 온다는 보고도 있으며, 태아가 암에 걸릴 확률은 최고 20배나 높다는 보고도 있다.

담배는 태반의 혈관을 수축시켜, 임신부의 혈액과 태아의 혈액 사이에서 산소와 영양분이 교환되는 것을 막는다. 또 임신부가 담배를 피우면 일산화탄소가 혈액으로 들어와 적혈구 내 헤모글로빈과 결합해 헤모글로빈의 산소 운반 능력을 떨어뜨린다. 더구나 담배는 태아에게 좋은 것은 받아들이고 나쁜 것을 제거하는 일을 하는 태반의 성장을 억제해 질병의 발생 위험을 높인다.

따라서 임신부는 담배를 빨리 끊어야 한다. 흡연한 임신부라도 임신 15주가 되기 전에 담배를 끊을 경우 태아를 흡연의 위험으로 부터 보호할 수 있다는 연구 보고도 있다. 또한 뉴질랜드 오클랜드 대학교 연구팀은 임신 15주 이전에 담배를 끊은 흡연 임신부의 경우, 담배를 피우지 않는 임신부와 비교했을 때 저체중아 출산 확률과 조산 확률에 차이가 없다는 보고를 내기도 했다. 그러나 흡연을 계속한 임신부는 비흡연 임신부보다 저체중아 출산 확률이 2배, 조산 확률은 3배나 높다는 사실에 유념해야 한다.

흡연은 태아에게 어느 정도로 어떤 영향을 미칠까? 하루에 담배 반 갑을 피우는 임신부는 유산율이 매우 높다. 또한 임신 기간 동안 담배를 피우면 아기의 몸무게가 약 150~320g 감소하게 된다.

물론 간접흡연도 심각한 문제가 된다. 실제로 담배 연기는 내뿜은 연기의 15%만이 흡연자의 몸속으로 들어가고, 나머지 85%는 공기 중에 있다고 한다. 때문에 만일 밀폐된 방 안에서 호흡하기가 곤란할 정도로 담배 연기를 내뿜는다면 임신부가 직접 흡연하는 것과 별반 다르지 않다고 봐야 한다. 즉 태아가 많은 담배 연기에 노출된다. 그러므로 엄마가 임신하면 아빠는 빨리 담배를 끊어야 한다.

10

엄마의 식단이
태아의 뇌를 만든다

⁝ 영양 결핍은 임신 어느 시기에 가장 영향을 미칠까?

굶주림은 자궁에 있는 태아에게 예상치 못한 피해를 입힌다. 1944~1945년 제2차 세계대전이 끝날 무렵 나치가 네덜란드를 공격했을 때, 임신부들 가운데 기아로 굶주린 이가 많았는데, 이 마을에서 태어난 아이들의 정신분열증 발병률이 높았다. 컬럼비아 대학교 에즈라 수세르(Ezra Susser)의 연구에 의하면, 나치에게 포위된 네덜란드에서 태내에 있던 아기들은 성인이 되어 정신분열증을 일으킨 확률이 2배나 높았다. 임신 중 영양 상태는 곧 아이의 정신 건강 상태로 이어진다는 연구 결과이다.

임신 3개월에서 4개월까지는 엄마의 영양 상태가 태아의 뇌에 미치는 영향이 그리 크지 않다. 태아가 아무리 빨리 자라더라도 그때까지는 그렇게 많은 양의 영양이 필요하지 않기 때문이다. 반면 임신 중기에서 생후 24개월에 이를 때까지 음식의 질과 양은 아이의 뇌 발달에 큰 영향을 미친다. 이때 시냅스와 가지돌기가 섬세해지면서 수초화가 활발히 진행되기 때문이다. 또 뇌 신경망이 형성되고 전체적인 무게가 증가하는 시기도 바로 이때이다. 이때 섭취하는 음식물의 질은 장래 아이들의 지적, 감성적, 신경적 기능을 결정짓는 중요한 요소가 된다.

태아의 발달에 가장 큰 위협은 기아와 빈곤, 그리고 다이어트로 말미암은 엄마의 영양실조 상태이다. 특히 가장 중요한 시기가 임신 4~9개월인데, 이 시기에 뇌의 크기가 급속하게 증가한다. 아기가 저체중으로 태어나면 인지 능력과 지능의 정상적인 발달에 문제를 일으킬 위험이 높다는 뜻으로 봐야 한다. 또한 저체중 출생이나 지적 장애, 망막 염증과 같은 여러 문제는 톡소플라스마증, 풍진, 단순포진을 비롯한 각종 바이러스 감염과 관련이 있으므로 임신 후반기와 신생아기에는 위생에 철저히 신경 써야 한다. 물론 과체중 출생도 건강에 해롭기는 마찬가지이다.

태아의 뇌 발달은 출생 전에 이미 시작되므로 엄마의 식단이 태아의 뇌를 만든다고 해도 과언이 아니다. 이런 시기는 아기가 걸음마를 할 때까지도 계속되므로 출생 후 2년간 아이의 식단에 주의를 기울일 필요가 있다. 특히 요오드나 철, 비타민 B12 결핍에 의한 뇌의 선택적 발육 부진이 나타나기도 하지만, 일반적으로는 영양 결핍에 의해 두뇌 발달이 저하되는 경우가 많다. 임신 초기의 예민한 시기에 영양이 결핍되면 장애 정도는 더욱 커지고 오래 지속된다. 또한 단백질 섭취 부족에 칼로리 섭취 부족까지 겹치면 문제는 더욱 심각해진다.

영양 상태가 좋지 않은 임신부에게서 태어난 아이들은 영양 상태가 좋은 임신부에게서 태어난 아이들보다 대체로 작다. 머리 크기도 마찬가지이다. 정상 범위 내에서 출생 시의 체중과 머리 크기는 장래의 IQ와 연관이 있다. 100명을 기준으로 출생 시 체중이 2.4kg으로 하위 10% 안에 들면 IQ가 낮은 아이일 확률이 크다. 또 쌍둥이는 출생 시 체중이 정상에 비해 낮은데, 그로 인하여 IQ도 7점 정도 낮다는 연구 결과도 있다.

조직검사를 해보면 영양 섭취가 뇌 발달에 미치는 영향을 더 잘 알 수 있다. 엄마의 영양실조를 배 속에서 겪었던 아이들의 뇌는 작고 가지돌기의 성장과 수초화의 진행도 미약하다. 뉴런은 임신 5개월 이내에 주로 만들어지므로 그 이후의 영양 상태가 뉴런의 수에 미치는 영향은 그리 크지 않을 수 있다.

그러나 수초를 만드는 신경교세포는 임신 기간뿐 아니라 영유아기에 걸쳐 형성되므로 영양 상태가 좋지 않으면 신경교세포의 수가 줄어들 수밖에 없다. 결국 영양 상태가 좋지 않은 아이들은 뇌 발달이 지연될 수 있음을 경고하는 셈이다.

⋮ 태아는 심장, 간 등 장기로 가야 할 영양분을 뇌로 보낸다

태아는 열악한 상황에서도 최대한 적응하고자 한다. 자신에게 공급되는 영양분이 부족하면 태아는 심장이나 간 같은 장기로 가야할 영양분을 가장 중요한 뇌로 보낸다. 태아는 단기간 그런 식으로 생존을 유지하지만, 이후 중장년이 되면 태아 시절에 영양을 빼앗긴 심장이 약해지는 대가를 치르게 된다.

하지만 그게 끝이 아니다. 태아는 실제로 자궁 환경으로부터 힌트를 얻어 자신의 생리 기능을 거기에 맞춘다. 그러니까 앞으로 맞이할 환경에 맞서 미리 자신을 악조건에 적응하도록 단련하는 것이다. 진짜 문제는 태아가 영양분이 부족한 세상을 예상하고 대비했는데 막상 태어나 보니 먹을 게 풍부한 세상일 경우에 나타난다.

이 상황이 바로 '배고픈 겨울'에 태어난 네덜란드 신생아들이 겪었던 상황이며, 그 결과로 성장하면서 비만, 당뇨, 심장 질환 발병률이 높았던 것이다. 전쟁 기간 동안 빈약한 영양분에 기대어 겨우 생존했던 태아들이 생후에 만난 전후 사회의 넘쳐나는 고영양식에 어찌할 줄 몰랐던 것이다.

첫 3개월 동안 영양 결핍을 겪은 네덜란드 아기들은 몸무게의 증가가 적은 대신 태반의 성장에 많은 에너지를 소모하였다. 그들은 첫 3개월(초기) 동안 영양 결핍에 반응하여 그들의 태반에 영양을 공급하라는 신호를 보낸다. 그런데 두 번째 3개월(중기) 동안 정상적인 영양이 공급된 태아는 더 많은 영양 성분을 제공받을 수 있었다.

최악의 경우는 '배고픈 겨울'이 시작된 무렵에 생겨서 자궁에 머문 기간 내내 영양 결핍 상태에 있었던 아기들이다. 이 아기들은 키와 머리가 지나치게 작았고, 몸무게도 평균 체중에 훨씬 못 미쳤다. 그렇게 태어난 아기들은 대부분 건강에 문제가 많았으며, 정상인보다 10배나 높은 사망률을 기록했다.

'배고픈 겨울'의 아기들은 몸의 상태와 형태도 영양 결핍 시기의 영향을 받았다. 태아가 첫 3개월 동안 영양 결핍 상태에 있었던 경우에는 스스로 세포를 적게 만들어 에너지를 보존하려고 했기 때문에 전체적으로 아기가 작았고 몸 전체에 걸쳐 발육이 부진한 상태였다.

두 번째 3개월 동안에도 영양 결핍 상태에 있었던 아기들은 약간 다른 양상을 보였다. 이때의 아기들은 적당한 생리적 조절 상태에 있었으므로 대부분의 영양분을 신체에서 가장 중요한 장기인 뇌로 보냈다. 뇌 발달은 피부나 뼈, 간 또는 내장처럼 태어나기 전에는 사용되지 않는 기관에 우선한다. 이 시기의 아기들은 비대칭적인 성장을 보였는데 머리가 길고 가늘며 몸에 비해서 약간 큰 형태였다.

현재 출생 전 영양 결핍이 제2형 당뇨병의 주요 원인으로 지적되는 증거도 제시되고 있다. 최근 덴마크의 과학자들은 일란성 쌍둥이를 대상으로 한 연구를 통해 제2형 당뇨병이 어떤 특별한 유전자보다 출생 전 태내의 성장과 밀접한 연관이 있음을 밝혀내기도 했다.

이 연구는 쌍둥이 중 한 명이 당뇨병을 앓는 경우를 조사한 것으로, 당뇨병을 앓는 한 명은 대부분 태어날 때 저체중이었다. 자궁 안에서의 경쟁이 쌍둥이들의 일생에 영향을 미치는 것이다.

11

태뇌 발달을 위한
임신부 식단

⋮ 임신부들이 생선 섭취를 조심해야 하는 이유는?

임신부의 생선 섭취로 수은에 과도하게 노출된 아이들은 다른 아이들에 비해 인지 발달 수준이 낮다는 해외의 보고가 있다. 특히 과도한 생선 섭취로 아이가 수은에 중독되면 기억력과 집중력이 저하되고 언어 발달이 늦어서 나중에 학습 부진을 보이거나 특수교육이 필요한 경우도 생긴다는 보고도 있다.

임신부들이 생선 섭취를 조심해야 하는 것은 깊은 바다의 생선이 산업 폐수는 물론 화산 폭발, 산불 등 자연재해로 축적된 메틸수은에 오염되어 있기 때문이다. 수은은 위와 장에서 흡수되어 뇌 속으

○ DHA가 많고 수은이 적은 생선: 청어, 정어리, 연어
○ DHA는 적고 수은만 많은 생선: 참치 통조림, 농어
○ DHA가 많지만 수은도 많은 생선: 옥돔, 황새치, 참치

로 침투해 축적되면 신경독소를 유발하기 때문에 매우 위험하다.

하지만 이런 우려 때문에 생선을 섭취하지 않으면 어떤 일이 벌어질까? 생선에 포함된 오메가3 지방산은 태아의 뇌 발달에 중요하므로, 임신부가 생선 섭취를 하지 않으면 이 영양소가 결핍되어 뇌 발달이 저하된다. 심지어 오메가3가 부족하면 아이들에게 주의력 결핍과 과잉행동 장애(ADHD)가 생길 가능성이 높아진다는 실험 결과도 있다.

결국 생선을 먹어서 생기는 이로움이, 많은 양의 생선 섭취로 인한 해로움보다 훨씬 크다는 이야기이다. 그렇다면 어느 정도의 생선 섭취가 안전할까? 일반적으로 임신부가 생선을 일주일에 3번 정도 먹는 것은 안전하며, 태어난 아이의 뇌 발달에도 좋은 것으로 알려져 있다.

특히 엄마가 수은이 적은 생선을 선택한 경우에는 뇌의 기능이 더욱 우수하다. 그렇다면 수은이 적은 생선은 어떻게 알 수 있을까? 먹이사슬에서 상위로 올라갈수록 수은과 그 밖의 오염 물질이 더

많이 농축되기 때문에 황새치나 상어와 같은 상위 포식자들을 피해야 한다.

: 섭취 영양소는 태아의 뇌 발달에 좋은 단백질이 중심

아기의 출생 시 체중은 유전보다 산모의 영양 상태에 좌우된다. 임신부는 임신 전의 체중에 비해 30% 정도 체중이 늘어난다. 태아가 태내에서 크게 자라고 있기 때문이다. 그러나 태아가 너무 커지면 난산을 초래한다는 사실도 염두에 두어야 한다.

식품의약품안전처가 제시하는 가이드라인에 따르면, 임신부의 임신 초기 하루 에너지 권장량은 2,000Kcal로 임신 전 1,900Kcal보다 100Kcal 많을 뿐이다. 이것은 하루에 우유 한 잔이면 충분히 보충된다.

임신 중기에는 하루 2,340Kcal 섭취를 권하는데, 300Kcal는 밥 한 공기에 해당한다. 따라서 끼니마다 밥은 한두 숟가락 더 먹고 과일과 채소 등의 간식을 좀 더 먹는 정도면 충분하다. 임신 후기 권장량은 여기서 100Kcal 더한 2,450Kcal이다. 임신 전보다 500Kcal 정도 더 섭취하면 된다. 엄마는 수유 기간 동안에도 임신 전보다 500~600Kcal를 더 섭취해야 한다.

이렇게 추가되는 칼로리를 구성하는 영양분은 태아의 뇌 발달에 좋은 단백질이 중심이 되어야 한다. 따라서 탄수화물 섭취량을 줄이고 두부, 해산물 등 단백질과 신선한 채소를 먹는 것이 좋다. 임신 기간 동안은 하루에 10~12g의 단백질을, 수유 기간 동안은 12~15g의 단백질을 더 섭취하는 것이 좋다.

김치찌개 등 염분이 많은 음식은 되도록이면 피해야 한다. 짜게 먹으면 과식하기가 쉬워 비만과 임신중독증을 유발할 수 있다. 나트륨의 과잉 섭취는 고혈압, 심혈관계 질환, 신장 질환, 위암의 발병 위험을 높인다. 그리고 임신성 부종, 임신성 당뇨, 수면 부족과 수면 장애도 일으킨다. 또한 나트륨은 철분 흡수를 방해하여 철결핍성 빈혈을 악화시킬 염려가 있다.

간식은 과자나 인스턴트식품 등 칼로리가 높은 음식은 제한하고 고구마, 감자, 오이, 당근 등 칼로리는 낮으면서 영양은 풍부한 음식이 좋다. 호두, 땅콩 같은 견과류나 당 함유량이 적은 사과를 먹는 것도 좋다.

음식은 적은 양을 자주 섭취하라.

규칙적으로 아침, 점심, 저녁을 먹기보다는 매일 4회, 5회 또는 6회에 걸쳐 적은 양의 식사를 자주 하는 것이 좋다. 하루에 여러 번 속이 메스꺼우면 배가 고플 때마다 음식을 먹도록 하자. 항상 근처에 간식거리를 준비했다가 아침에 눈을 뜨자마자 먹어라. 가방 속에 과일이나 스낵, 통곡물 크래커를 준비하여 이동 시에도 먹을 수 있다. 음식을 조금씩 자주 먹으면 위에 항상 음식물이 저장되어 위산의 분비를 억제하는 등 임신 초기부터 도움이 된다. 임신 중기, 후기에는 음식을 하루 종일 소량씩 섭취하는 것이 중요한데, 아기가 자람에 따라 임신부의 위가 수축되기 때문이다.

임신부가 좋아하는 음식 중 영양소가 풍부한 것을 선택하라.

칼로리와 영양 성분을 확인한 후 매 식사에 각각 다른 음식을 섭취하는 것이 좋다. 식단을 짤 때는 섭취 횟수, 식품의 종류, 필요한 칼로리를 염두에 두되 개인의 취향, 경제력, 알레르기 등을 고려해야 한다.

똑같은 영양소가 포함된 음식이라면 칼로리가 낮은 음식을 선택하라.

예를 들어 유제품인 크림치즈와 우유에는 칼슘이 다량 함유되어 있지만, 칼로리는 크림치즈가 훨씬 높으므로 임신부에게는 우유가 더 좋다.

임신부 뿐만 아니라 태아의 두뇌 발달을 위해서는 단순히 칼로리가 높은 음식보다 태아가 자라는 데 필요한 영양소가 풍부한 음식을 섭취할 필요가 있다.

체중 관리를 하라.

임신부가 임신 전 표준 체중이었다면, 임신 기간 중에는 13kg 정도 늘어나는 게 적절하다. 임신 시기별로 구분하면 임신 3개월까지는 1kg 정도, 4~7개월에는 5kg, 후기에는 6kg 정도 증가하면 된다. 체질량지수(BMI, 몸무게를 키의 제곱으로 나눈 값)도 중요한데 25보다 크면 체중을 줄여야 하고, 18.5 미만이면 체중을 늘려야 한다.

물을 충분히 마셔라.

임신 중에는 혈액량이 급증하기 때문에 물도 충분히 마셔야 한다. 혈액의 가장 많은 양을 차지하는 것이 바로 수분이기 때문이다.

수액 부족으로 혈액이 탁하거나 농도가 짙으면 혈액 순환이 원활하지 못하기 때문에 임신 중 수분 섭취는 매우 중요하다. 물은 하루 약 8컵 마시는 것이 좋다.

기호식품이 기분 전환에 도움이 될 수 있다.

2008년 예일대의 연구에 의하면, 임신 말기 3개월 동안 1주일에 1회 섭취량보다 적은 초콜릿을 먹은 임신부와 비교했을 때, 주당 5회 이상 초콜릿을 먹은 임신부는 위험한 고혈압 증상으로 알려진 임신중독증 발병 위험이 40%나 낮은 것으로 나타났다. 핀란드 헬싱키의 연구에서는 임신 중 매일 초콜릿을 섭취한 임신부에게서 태어난 아이들은 생후 6개월이 되었을 때 두려움을 덜 느끼고 더 잘 웃은 것으로 나타났다.

⦂ 비타민 B6는 태아의 뇌 등 신체 조직을 만드는 데 필요하다

1) 곡물

음식 피라미드는 가장 바닥에 있는 곡물군에 기반을 둔다. 이러한 곡물군에는 밥과 국수, 빵 같은 것이 포함되어 있다. 임산부의 키에 비례하여 이러한 군에서 하루에 6~11회 정도 음식을 섭취하되 통곡물 식품이 좋다. 통밀로 만든 빵, 현미, 식이섬유가 많은 음식을 섭취하면 식사 후 혈당의 증가를 억제한다. 과자를 먹더라도 통곡물 크래커가 좋다. 식이섬유는 섭취하는 탄수화물의 양을 줄일 뿐만 아니라 포도당이 혈액으로 가는 것을 막는다. 또 변비와 대장암 예방에도 좋다.

2) 과일과 채소

곡물군의 바로 위가 과일과 채소군이다. 과일은 하루에 2~4번 섭취하는 것이 좋다. 과일에는 식이섬유, 비타민, 무기질이 많이 함유되어 있어 단 음식이나 스낵류에 없는 영양소를 섭취할 수 있다. 과일에 포함된 과당은 몇 단계를 거쳐 포도당이 된다. 따라서 과일은 정제된 설탕처럼 혈당을 급격하게 증가시키지 않기 때문에 스낵류나 사탕보다 훨씬 낫다. 껍질째 먹을 수 있는 신선한 것이 최상이지만 통조림 과일도 괜찮다.

채소는 하루에 3~5회 섭취하자. 채소는 비타민과 무기질, 그리고

음식 피라미드

몸에 중요한 섬유질 등을 제공한다. 비타민과 무기질은 임신 전과 임신 중 모두 필요하다. 잎이 많고 검푸른 채소가 좋으며 신선한 것을 골라 먹는 것이 무엇보다 중요하다.

안토시아닌이 풍부한 보라색 양배추, 카로티노이드가 풍부한 붉은색 토마토, 비타민 A가 풍부한 호박고구마, 칼슘과 철분이 풍부한 초록색 시금치를 추천한다. 또한 비타민 B와 칼륨이 풍부한 아보카도, 리보플라빈과 엽산이 풍부한 브로콜리, 비타민 A와 C가 풍부한 체리 등도 빼놓을 수 없는 훌륭한 먹거리이다.

임신부가 피해야 하는 식품

- ○ 날고기나 덜 익힌 고기, 오리, 닭 등: 톡소플라스마 감염으로 태아에게 지적 장애, 실명, 뇌전증 등을 유발할 수 있다.
- ○ 씻지 않은 채소와 과일: 톡소플라스마 감염
- ○ 연질 치즈나 생우유로 만든 치즈: 리스테리아균 감염으로 선천성 질환이나 사산을 유발할 수 있다.
- ○ 감: 타닌 성분이 철분 흡수를 방해한다.
- ○ 인스턴트식품: 높은 염분과 칼로리가 임신성 질병을 유발하기 쉽다.
- ○ 참다랑어와 고래 고기: 수은이나 PCB(모든 전자기기에 들어 있는 오염 물질)가 들어 있다.

임신부가 꼭 먹어야 하는 식품

- ○ 우유: 가장 완전한 식품으로 양질의 단백질과 비타민, 칼슘이 많고 소화 흡수가 잘된다.
- ○ 콩: 해독 작용으로 부종을 완화하고 태아의 두뇌 발달에도 좋다.
- ○ 미역: 칼슘이 풍부하고 함유된 요오드가 혈관 및 신진대사를 증진한다.

3) 단백질

피라미드의 세 번째 계단은 단백질류로 우유와 고기 그룹과 콩 그룹이 그것이다. 이들 각각의 군을 하루 2~3회 섭취할 것을 권장한다. 단백질은 태아의 신체 구조와 기능을 유지하고 움직이게 하는 성분이다. 단백질 결핍은 태아의 신체적 성장을 저해하며 당뇨병과 같은 만성 질병을 유발할 수 있다. 적당한 1일 단백질 섭취량은 200g 정도이며, 아침에 달걀, 점심에 햄, 저녁에 적은 양의 고기와 같이 다양하게 섭취할 필요가 있다. 또 저지방 고기가 좋은데 껍질을 제거한 닭고기, 생선, 기름기 없는 쇠고기나 돼지고기 등을 먹자. 견과류는 단백질의 중요한 원천이다.

4) 지방

몸에 좋은 지방은 불포화지방산이며, 이것은 생선이나 식물성 기름을 통해 섭취할 수 있다. 불포화지방산은 몸의 세포막과 수초 형성에 꼭 필요하다. 수초는 전선을 둘러싸고 있는 피복처럼 우리 몸의 신경을 보호한다. 따라서 불포화지방산은 임신 중의 태뇌 발달에 꼭 필요하므로 우선 식물성 기름을 섭취해야 한다. 그리고 생선, 견과류, 살코기를 매일 2~3회 정도 섭취하라. 매일 섭취하는 지방의 양이 하루 2,000Kcal를 기준으로 65g이라면, 여기서 포화지방산은 20g 이하여야 한다.

5) 비타민과 무기질

비타민과 무기질은 생명을 유지하기 위하여 꼭 필요하지만 우리의 몸은 이 영양소들을 전혀 생산할 수 없다. 건강을 위해 필요한 양만큼 만들 수도, 보관할 수도 없으므로 음식을 통해 섭취하는 수밖에 없다. 비타민 C는 면역력을 증가시키고 엽산은 철분의 체내 흡수를 돕는다.

특히 엽산은 비타민 B군에 속하는 수용성 비타민으로 DNA의 합성을 위해 필수적이고, 기형아, 초기 유산, 저체중아 출산과도 관련이 있다. 태아의 신경계를 비롯한 모든 장기의 발생은 임신 12주 안에 완료되기 때문에 임신 전 3개월부터 임신 3개월까지는 엽산을 섭취해야 한다. 엽산을 충분히 섭취하면 태아의 신경관 결손을 70%가량 예방할 수 있고, 아이의 언어 발달에도 도움이 된다. 주로 녹색 채소에 많이 들어 있는 엽산은 키위, 시금치, 양상추 등에 많으며, 오렌지 주스를 마시는 것도 도움이 된다.

비타민 B6는 태아가 뇌를 포함한 신체 조직을 만드는 데 필요하다. 달걀, 곡물, 살코기, 땅콩, 완두콩, 바나나 등에 함유되어 있으며, 임신 전 1.6mg, 임신 말기 2.2mg이 필요하다. 아몬드, 헤이즐넛, 호두 같은 견과류는 비타민 B6뿐만 아니라 구리, 마그네슘, 망간 등 미네랄이 풍부하다.

철분은 적혈구 내 산소를 운반하는 헤모글로빈과 단백질을 만드는 데 필요하다. 철분제는 임신 5개월부터 복용하는 것이 좋은데, 이때가 임신부의 혈액량이 출산에 대비해 늘어나는 시기이기 때문이다. 철분은 붉은색 고기와 간에 특히 많고, 달걀, 콩, 상추, 조개, 아몬드, 미역 등에 많이 들어 있다.

12

엄마의 운동,
태아의 뇌를 바꾼다

⦂ 임신부의 운동은 태뇌에 풍부한 감각적 자극을 준다

임신부의 운동이 태아를 똑똑하게 만들 수 있을까? 미시간 대학교 심리학자 리처드 니스벳(Richard Nisbett)은 아이를 똑똑하게 키우기 위해서 임신 기간에 운동을 해야 한다고 주장한다. 임신부의 운동이 태아의 저체중을 줄이고 뇌의 발달을 촉진한다는 것이다.

여기에서 중요한 역할을 하는 것이 전정 기능이다. 태아의 전정기관은 임신 4~6개월 정도에 일찍 성숙한다. 산전 감염 등으로 전정기관에 이상이 생기면 아이는 균형 감각에 문제가 생겨 걷는 것이 어렵다. 또한 태아의 전정기관은 임신부의 운동에 반응하기 때문에, 임신부가 운동하면 아이의 전정 기능이 발달하면서 잘 걸을 수 있다.

그런데 임신부가 운동을 하면 자궁의 환경이 변화하는데 이 변화가 태뇌에는 일종의 도전과 같다. 태뇌는 더 큰 스트레스에 빠르고 효과적으로 대처하기 위해서라도 주기적으로 생리학적 도전이 필요하다. 임신부가 운동을 하면 심장 박동 수, 호흡 수, 혈당 등이 변하는데 이것이 태뇌에는 생리학적 도전인 것이다. 태아는 이 과정을 통하여 태어날 때의 스트레스와 출생 후 영양 공급의 변화에 잘 적응할 수 있다.

또한 임신부의 운동을 통해 태아는 움직이고 흔들리며 새로운 소리를 듣게 되는데, 이 과정을 통하면서 태뇌에 풍부한 감각적 자극을 받는다.

미국의 크랩(Crabb) 박사에 의하면, 운동을 한 임신부의 아이들이 키우기 쉽고 밤에도 잘 잔다. 스트레스에 대한 반응도 적어서 더 조용하고 더 여유롭고 더 긍정적이다. 환경을 잘 인지할 뿐 아니라 그것에 적절하게 반응한다는 것이다.

연구에 의하면, 임신부가 자전거를 타거나 러닝머신에서 뛰면 태아의 움직임과 심장 박동 수가 달라진다. 운동 강도에 비례해서 태아의 심장 박동과 호흡이 증가하고 태아의 움직임도 증가한다. 그러나 운동이 너무 격렬하면 태아의 심장 박동과 호흡이 오히려 줄어들었고, 태아의 움직임도 함께 줄어들었다. 적당한 운동은 태아의 움직임을 증가시키지만 너무 격렬한 운동을 하면 태아의 움직임이 오히려 줄어드는 것이다.

산소가 부족한 환경에서 장시간 운동하는 것은 피해야 한다

격렬한 운동은 자궁으로 가는 혈류를 제한해서 태아에게 공급되는 산소가 줄어들 수 있으며, 태아의 체온이 높아져 유산과 뇌 기형의 원인이 될 수도 있다. 그러나 적당한 운동을 하면 임신부의 혈중 베타엔도르핀 양이 증가하는데, 이것은 체내 모르핀으로 통증을 차단한다. 또한 운동하면 스트레스 호르몬인 코르티솔의 양이 감소되어 태아에게 긍정적인 영향을 준다.

그렇다면 임신부는 어느 정도의 운동이 좋을까? 임신부의 운동은 단순한 스트레칭에 국한되지는 않는다. 연구에 의하면, 임신 중에도 평소 운동량의 50%까지 가능하다. 신체 변화에 맞게 운동의 종류를 바꿔 임신 중에도 적당한 운동을 지속하는 것이 좋다. 운동을 하면 혈액의 공급이 증가하여 혈압이 낮아지고 심장 박출량이 증가한다. 규칙적으로 운동하면 혈관이 확장되고 세포의 대사 기능도 증가한다. 운동이 세포에 산소를 더 많이 전달하여 세포의 에너지를 생성하는 미토콘드리아의 숫자가 증가하기 때문이다.

또한 규칙적인 운동은 피부를 통해 열을 방출하고 땀 배출량을 늘리고 피부 혈관도 이완시킨다. 임신부는 조깅과 수영을 할 수 있을 뿐만 아니라 에어로빅과 재즈 댄스도 가능하다. 물론 운동으로 맥박이 올라갈 수는 있지만, 그 정도의 증가는 임신부에게 안전하다. 그리고 운동 후 혈당이 떨어져 임신성 당뇨병의 예방에도 도움이 된다고 한다.

그러나 산소 소모가 큰 운동은 가급적 피하는 것이 좋다. 특히 산소가 부족한 환경에서 장시간 운동하는 것은 피해야 한다. 미국 보스턴 의대 밀런스키(Aubrey Milunsky) 교수의 연구에 의하면, 임신 초기에 사우나 등 열탕에 자주 가는 임신부는 기형아 출산율이 2~3배에 이르렀다.

덥거나 뜨거운 곳에 오래 있으면 산소 부족이 올 수 있기 때문이다. 임신부가 더운 장소에서 숨이 가쁠 정도로 운동하면 태아는 산소 부족으로 인해 어려움에 처하게 된다. 따라서 격렬한 운동은 태아의 체중을 감소시키고 유산을 야기한다. 스키나 암벽등반처럼 부상의 위험이 있는 운동은 피해야 한다. 윗몸일으키기도 혈액의 흐름을 방해할 수 있으므로 임신 20주가 지나면 해서는 안 된다.

일반적으로 의사들은 임신부가 운동하는 것에 대해 엄격한 잣대를 가지고 있다. 하지만 최근 들어서 운동은 대부분의 임신부에게 안전하며, 임신 전에 운동을 꾸준히 해온 임신부라면 더욱 안전하다는 연구 보고가 증가하는 추세이다.

물론 임신부가 갑자기 몸의 방향을 바꾸거나 뒤트는 행동은 피해

야 한다. 임신하면 체중 증가나 체형 변화와 함께 중력의 영향이 바
뀌면서 균형 감각이 떨어진다. 마찬가지로 호르몬도 변하므로 스트
레스를 받고 있는 몸에 더 스트레스를 줄 수도 있다.

: 운동은 태아를 피곤하지 않게 하는 선에서 해야 한다

운동은 적당히 해야 한다. 심장 박동 수가 최대 박동 수(220-자기
나이)의 70%를 넘어서는 안 된다. 33세 임신부라면 분당 130회 미
만이 적당하다. 또 임신 말기가 되면 운동 강도를 낮추는 것이 좋다.

연구에 의하면, 임신 기간 동안 운동을 한 임신부는 임신 기간과
분만 시에 겪는 어려움이 감소했다. 사실 분만은 증가된 스트레스
의 한 종류이다. 규칙적인 운동 후에는 근육에 산소를 공급하는 능
력과 육체적 힘을 유지하는 데 필요한 포도당 공급 능력이 향상되
므로 운동을 한 임신부의 분만 고통이 일반적으로 짧다. 평균적으
로 1주일에 3회씩 20분 동안 운동한 임신부는 운동하지 않은 임신
부보다 분만 고통 시간이 반으로 줄었다는 연구 보고도 있다.

임신 초기와 중기의 운동은 태반과 태아의 성장을 촉진할 수 있
고, 임신 중의 짜증이나 스트레스를 완화해준다. 또한 임신 말기의
운동은 체력을 유지하거나 향상시키며 몸무게 증가를 억제하고 분
만을 보다 쉽게 하는 데 도움을 준다.

임신 초기의 가벼운 운동은 임신부를 오히려 편하게 해줄 수 있다. 한편 과도한 몸무게 증가를 막고 분만 시간을 줄이려면 임신 후기에 더 많은 운동이 필요하다는 사실에 유념해야 한다. 운동의 종류는 몸무게를 유지할 수 있는 운동이라면 다 좋다.

걷기는 일반적으로 뼈에 무리를 주지 않고 큰 이득을 주는 운동이다. 적당한 무게의 물건을 드는 운동이라면 1주일에 3~4회, 매회 20분 정도 하는 것이 좋다. 그리고 20분간 운동하고 나서 최소한 20분은 쉬어야 한다.

심한 스트레스를 받으면 태아는 심장 박동 수가 감소하고 움직임이 느려지며, 심지어 산소를 저장하기 위해 잠시 움직임을 멈추기도 한다. 태아의 움직임은 태아가 어떻게 느끼는가를 알 수 있는 중요한 지표이다. 그러므로 임신부는 운동하는 동안에, 그리고 운동 후에 태아의 활동 성향을 확인해야만 한다.

운동은 태아를 피곤하지 않게 하는 선에서 해야 한다. 운동 후 휴식을 취할 때도 임신부는 태아가 최소한 5~10분마다 움직이는지 확인하는 게 좋다. 출산을 앞둔 마지막 3개월 동안은 태아의 움직임을 쉽게 느낄 수 있다. 일반적으로 운동을 할 때와 하지 않을 때 태아의 움직임이 어떻게 다른지 살펴야 한다.

임신 말기에 엎드리는 것은 불가능하니 당연히 피하겠지만 등을 대고 눕는 것 역시 좋지 않다. 등을 대고 누우면 확대된 자궁의 혈액 흐름을 방해하고 현기증, 메스꺼움이 오거나 호흡이 짧아질 수 있다. 또한 태아의 몸무게가 등 쪽에 실려 임신부 척추의 오른쪽 주 정맥을 압박한다. 가장 안전한 방법은 왼쪽으로 눕는 것이며, 이 자세는 정맥에 어떤 압박도 주지 않는다.

생활이 너무 편해서 몸으로 하는 활동이 적은 임신부는 산책 등을 통해서라도 운동량을 보충해야 한다. 매일 30분 정도의 산책이라도 꾸준히 하는 게 중요하다. 생활 속에서 매일 계속되는 활동이 임신 중에 적절한 운동의 기준이다. 또 주 1~2회 출산을 위한 체조나 요가, 수영 등으로 기분이 좋아지고 스트레스가 발산된다면 운동은 계속하는 것이 좋다.

그렇다고 모든 운동이 좋은 것은 아니다. 임신 중에는 경쟁 종목, 예를 들어 골프, 볼링, 테니스, 탁구, 배구, 농구, 축구 등은 피해야 한다. 또한 조깅이나 수영 중 평영 등은 무릎, 고관절에 부담을 주므로 주의해야 한다. 워킹 머신도 바닥 기울기를 높이면 신체에 부담이 가므로 피하자. 체중 감량을 위한 운동을 열심히 하는 것은 좋지 않다. 임신 중 체중 조절은 운동이 아니라 식사에 주안점을 두어야 한다.

그 외 출산을 위한 요가나 수영 등 임신부를 위한 운동은 물론 좋다. 일반적으로 임신 5개월 이후 산부인과 의사의 허가를 얻어 하는 게 가장 좋다. 임신 중의 운동은 산책이나 가사 등 평소의 생활에서도 충분히 할 수 있다. 다만 몸을 움직이지 않는 나태한 생활 패턴만은 피하자.

통증을 줄이고 출산을 돕는 4가지 운동

출산에 대비해서 산통을 줄이고 출산을 돕는 대표적인 4가지 운동을 알아보자.

1. 케겔 운동법

케겔 운동은 요도, 방광, 자궁, 그리고 직장을 둘러싸고 있는 골반 기저 근육들을 반복해서 조였다 펴는 골반 근육 강화 운동으로 순산에 필수적이다. 또한 출산 후 요실금 예방에도 도움이 되며, 출산 후 항문 조이기 운동과 병행하면 자궁이 빨리 회복된다. 또한 골반기저근을 강화하는 것은 직장과 질의 혈액 순환을 촉진할 뿐만 아니라 산통을 줄이고 분만 시간도 줄인다. 케겔 운동의 또 하나의 장점은 언제 어디서든 할 수 있다는 점이다. 컴퓨터를 하거나 TV를 보거나, 심지어 밖에서도 할 수 있다.

운동 방법 :

- 소변을 볼 경우 소변의 흐름을 막는 힘을 주면서 질 주변의 근육들을 수축한다.
- 4초 정도 수축한 후 이완하는 동작을 10회 반복한다.
- 매일 3회 3~4세트로 운동을 실시한다.

2. 골반 기울이기 또는 고양이 자세

양손과 무릎으로 엎드린 자세에서 골반을 기울이는 다양한 동작은 복근을 강하게 하고, 임신 중 허리 통증을 줄이는 데 도움을 준다. 출산에도 도움이 된다.

○ 손은 어깨너비, 무릎은 엉덩이 너비로 벌린 상태에서 손과 무릎을 바닥에 대고 엎드린다. (팔을 일자로 펴서 팔꿈치가 꺾이지 않게 한다.)
○ 숨을 들이마실 때 복부가 긴장되게 하고, 엉덩이를 낮추고 허리를 동그랗게 올린다.
○ 숨을 내쉬면서 허리를 편한 자세로 놓고 이완시킨다.
○ 호흡 리듬에 따라 속도를 조절하면서 동작을 반복한다.

3. 웅크려 앉은 자세

앉았다 일어서는 동작은 출산에 가장 큰 영향을 주는 운동 중 하나이다. 앉았다 일어서는 동작은 하체의 다양한 근육을 발달시키기 때문이다. 특히 다리 근육의 발달은 출산 시 골반을 여는 데 큰 도움이 되어, 산통을 줄이고 분만 시간을 줄일 수 있다.

○ 양발을 엉덩이 너비보다 넓게 벌리고 발가락은 바깥을 향하게 한 상태에서 실시한다.
○ 뒤로 넘어지는 것에 대비하여 매트나 이불을 놓고 실시한다.
○ 복부 근육을 수축하고 가슴을 들어 올리고 어깨의 긴장을 푼다.
○ 잡은 의자를 중심으로 의자에 앉는 듯한 자세를 취한다.
○ 균형을 유지하면서 대부분의 체중을 뒤꿈치 전반에 싣는다.
○ 깊은 호흡을 내쉬면서 일어선다.

4. 완전 호흡 자세

이 자세는 출산을 위해 골반을 열려고 준비 중인 고관절을 이완시키는 데 도움을 줄 수 있다.

○ 바닥에 앉아 무릎을 구부리고 발을 몸 쪽으로 가져간다.
○ 발바닥과 발뒤꿈치를 붙이고 무릎을 벌려 앉는다.
○ 두 손으로 발을 잡고 척추를 바로 세운다.
○ 숨을 내쉬면서 상체를 천천히 앞으로 숙인다.
○ 숨을 들이쉬며 머리, 가슴, 배 순서로 상체를 일으킨다.

13

엄마 목소리가
태아의 청각을 자극

⁝ 태아는 엄마의 자궁에서 많은 소리를 듣게 된다

아기들은 태어나기 전, 임신 7개월부터 소리를 들을 수 있다. 이 단계에서 아기들은 주로 중저음의 큰 소리, 예를 들어 자동차 경적 소리나 화물차 소리 등을 들을 수 있다. 이 소리들은 방음이 되는 엄마의 복부를 통과해 아기에게 도달하기 때문이다.

엄마의 목소리도 엄마의 몸 안을 통해서 모두 전달되기 때문에 아기의 귀에 그대로 들린다. 이 단계를 지나 시간이 지남에 따라 아기의 청각계는 점점 조용한 소음과 고음에 민감하게 반응한다. 이러한 과정은 태어난 뒤에 계속 이어진다.

네덜란드 빈스(Vince) 박사의 연구에 의하면, 임신 중인 어미 양의 울음소리를 녹음해두었다가 새끼가 태어난 후에 다른 양의 울음소리와 함께 들려주고 반응을 살폈더니 새끼 양은 어미 양의 울음소리를 구별하였다.

또한 새끼 양은 소리에 따라 각각 다른 반응을 보였는데, 어미 양의 울음소리를 들려줄 때만 심장 박동 수에 변화가 있었다. 새끼 양이 어미 양과 다른 양의 울음소리를 확실히 구별한 것이다.

임신부가 잠을 자는 동안 엄마의 심장 박동 소리와 호흡 소리, 태동할 때 나는 소리 등을 녹음하였다가 아기가 태어난 후 들려주었더니 엄마의 소리를 구별하더라는 연구 보고도 있다.

이 연구 보고처럼 다른 임신부에게서 녹음한 음향을 같은 아이에게 함께 들려주었더니 놀랍게도 아기는 자신의 엄마가 내는 소리에만 반응하였다.

태아는 엄마의 자궁에서 엄마의 심장 박동 소리, 혈액이 이동하는 소리, 일상의 소리 등 많은 소리를 듣게 된다. 그중에서도 매우 크고 빈번하게 듣는 것은 엄마의 목소리이다. 엄마가 웃으며 즐거워 한다거나 소리를 지른다거나 싸운다거나 운다던가 하는 그 모든 소리를 태아가 듣는다는 결론이다.

아기는 청각 체계를 발달시키기 위해 많은 경험이 필요하다. 엄마가 일상에서 친구들이나 가족과 자연스럽게 대화하는 동안 태아는 엄마의 목소리에 익숙해지고 좋아하게 된다. 그리고 목소리를 통한 경험치는 아기의 중요한 청각 경험이 된다. 이러한 청각 경험은 말소리에 대한 아기의 반응을 강화하고, 언어와 관련 있는 지각 능력을 향상시킨다는 사실도 명심하자.

: 태아는 시끄러운 소리가 들리면 잠시 호흡을 멈춘다

임신부들은 대부분 자신이 겪는 외부 환경에 태아의 호흡이 민감하게 변화한다는 사실을 모른다. 시끄러운 소리가 들리면 태아는 잠시 호흡을 멈춘다. 왜 태아의 호흡이 멈추는지는 확실히 규명되지 않았으나 아마도 일종의 경계 반응인 듯하다. 연구에 따르면, 큰소리가 오래 지속될수록 태아의 호흡에 나쁜 영향을 준다. 이런 환경에서 지내던 아기가 태어났을 때 폐포(허파꽈리)가 잘 펴지지 않는 것은 어쩌면 시끄러운 소리를 피하기 위한 신체 반응일 수도 있다는 것이다.

또 이와 함께 자궁 외부에서 소리를 내면 자궁 내부에서 어떻게 들리는지를 살폈다. 그 결과, 소리의 진동수가 높은 경우는 오히려 그 진동이 약화되면서 전달되어 약 50데시벨로 측정되었다. 즉 외부의 소리는 진동이 높은 소리보다 진동이 낮은 소리가 더욱 잘 전달된다는 것이다.

엄마의 목소리는 자체 음량보다 증폭되어 자궁 속의 태아에게 들린다. 연구에 의하면, 엄마의 일상 대화를 60데시벨이라고 할 때, 태아는 80~90데시벨로 듣는다. 무슨 말일까? 그것은 엄마가 시끄러운 지하철을 탄 상태에서 옆 사람과 대화한다면 태아에게는 약 160데시벨의 음량이 들린다는 것이다. 이런 음량은 성인도 귀에 통증을 느끼는 수준이다. 임신부가 조용하게 말하고 정숙하게 행동하는 게 바람직하다는 뜻으로 이해해도 된다.

만일 뜻하지않게 임신부가 큰 목소리로 말하고 있다는 것을 자각한다면 바로 멈춰야 한다. 싸움을 자주 하는 부부 사이의 태아는 정서적 문제는 물론 청각 신경의 장애를 가질 수 있는데, 이런 원인도 바로 큰 소음에 자주 노출되기 때문이다.

우선 부부가 이야기할 때부터 목소리를 낮추고, 아기가 배속에서 듣는다는 사실을 인식하자. 부부가 낮은 목소리로 차분하게 말하면 주고받는 대화도 훨씬 다정해진다. 일상생활에서도 이왕이면 소리를 낮추어 조용히 이야기해보자.

아무리 시끄럽더라도 자신이 먼저 조용히 이야기하면 상대도 따라서 목소리를 낮추게 된다. 이러한 습관은 우리 아이들을 위한 태교 환경은 물론, 사회 전체의 소음을 줄이는 데도 도움을 줄 것이다.

샬레브(Shalev) 박사는 임신 32주에서 40주 사이의 태아 103명을 대상으로 반복적인 소리에 대한 적응도를 조사해서 발표했다. 그는 우선 음향 자극으로는 80~90데시벨의 초인종 소리를 아기들에게 들려주었다.

그 결과 20번의 초인종 소리를 들려준 후에는 85%의 아기가 소리에 적응했고, 30번 자극 후에는 95%, 50번 자극 후에는 모두가 초인종 소리에 적응하고 반응을 보였다는 발표를 했다. 또한 전체적으로 임신 주수가 길수록, 즉 만삭에 가까울수록 아기가 소리에 빨리 적응한다는 사실도 알 수 있었다. 이는 태아가 성장할수록 외부 자극에 쉽게 적응한다는 것이다.

⫶ 엄마의 마음이 편한 음악이 태아에게 가장 좋다

모차르트 효과라는 말이 있다. 지능은 집중력, 능률성, 판단력, 정서적 안정감 등으로 이루어지는데, 모차르트 음악이 구조적으로 완벽해서 균형감과 안정감을 높여준다고 한다. 모차르트 효과는 모차르트의 음악과 심박동을 연관시키는 것으로, 임신부의 심박동이 자궁 속 태아를 가장 안정시킨다는 것에 근거한다. 심박동은 4분의 3박자로 왈츠 리듬에 해당한다. 사람들 대부분이 왈츠에 거부감을 갖지 않는 것은 엄마의 자궁 속에서 들었던 태아 때 기억 때문이라는 것이다. 모차르트의 "터키행진곡"이 특히 흥분을 가라앉히는 데 효과적이라는 주장 역시 이에 근거한다.

두뇌는 좌우로 나뉘어 각각 기능을 분담하는데 좌뇌는 언어와 계산, 논리적 사고를 담당하고 우뇌는 추상적인 사고와 공간 인식 능

력 등을 담당한다. 즉, 좌뇌는 이성을, 우뇌는 감성을 주관한다. 음악은 특히 우뇌를 활성화한다. 즉, 감성 교육의 효과가 뛰어나다는 것이다.

뇌에는 알파파, 베타파, 델타파, 세타파 등 네 가지 뇌파가 있다. 음악을 들으면 뇌가 활성화되면서 이 중에서 특히 알파파가 증가한다. 알파파는 엔도르핀 분비를 촉진해서 불안감을 줄이고 행복한 마음이 들게 하는 역할을 한다. 알파파가 많이 발생할수록 학습 능력, 잠재능력, 창조력 등이 증진된다는 연구 보고도 있다. 여러 장르의 음악 중에서도 클래식을 들으면 알파파가 증가하는데, 이는 클래식이 자연의 소리에 가깝기 때문으로 풀이된다. 자연이 내는 여러 가지 소리에는 'F분의 1의 흔들림'이 있어서 사람의 기분을 쾌적하게 만들고 불안한 심리를 안정시키는 효과가 있다는 것이다.

그러나 1999년 미국 애팔래치안 주립대학교의 연구와 2007년 독일 교육부의 공식 조사를 거치면서 모차르트 효과는 없다는 주장이 더 설득력을 얻고 있다. 모차르트 음악을 들었을 때의 효과는 기분이 좋아졌다는 일반적인 느낌뿐이고, 이것은 다른 음악을 들려주었을 때도 마찬가지라는 것이다. 무엇을 듣고 무슨 생각을 하든지 엄마의 마음이 편한 음악이 가장 좋다는 뜻이다. 가요를 좋아한다면 가요를 듣고, 팝송이 좋다면 팝송을 들으면 된다. 그러나 될 수 있으면 너무 빠르거나 시끄러운 음악은 피하는 것이 좋다. 엄마의 심장 박동이 빨라지고 흥분 상태가 되어 태아에게 좋지 않기 때문이다.

예전에 좋아하던 곡이 라디오에서 흘러나오는 것을 우연히 들었을 때 기분이 어땠는지 떠올려보자. 분명 당시의 즐겁고 유쾌한 기억들이 되살아나 따뜻하면서도 뭉클한 기분이 들었을 것이다. 음악 심리학자들은 이것이 조건반사에 의해 뇌에서 알파파가 증가된 결과라고 해석한다. 특정 음악을 들으면 그와 관련된 즐거운 옛일이 생각나고, 이러한 연상이 조건반사식으로 우리 뇌에서 알파파가 생겨나게 한다는 것이다.

: 목소리가 낮은 아빠들의 태담이 더 효과를 발휘한다

자궁 속에 마이크를 설치한다면 이런 소리가 날 것이다.

"툭, 툭…, 둥, 둥, 둥, 둥…, 꼬르륵 꼬르륵… 아기야 사랑해"

툭툭 하는 소리는 아기가 움직이는 소리이고, 둥, 둥 소리는 엄마의 심장 박동 소리, 꼬르륵 꼬르륵 하는 소리는 장이 움직이는 소리이고, "아기야 사랑해"는 엄마의 목소리이다. 자궁 속에서 태아는 이런 소리들을 또렷하게 듣는다.

실제 자궁 안의 소리는 대략 60데시벨을 웃도는 것으로 측정된다.(조용한 사무실은 40데시벨, 일상 대화의 경우 60데시벨, 버스 안은 80데시벨, 지하철 안은 100데시벨, 천둥소리는 120데시벨 정도) 태아가 듣는 소리는 일반적인 사무실보다 좀 더 시끄러운 정도의 소음이라고 볼 수 있다. 외부 소리의 주파수도 전달되는데 아빠의 목소리는 100~200헤르츠, 엄마의 목소리는 200~400헤르츠 정도이다. 자궁 안에서는 주파수가 높은 여성의 목소리보다 주파수가 낮은 남성의 목소리가 더 잘 들린다. 쉽게 말해 태아는 고음보다 저음을 잘 듣는다. 외부에서 전달되는 소리는 진동이 높은 소리보다 낮은 소리가 더 잘 전달되기 때문이다.

자궁벽은 바깥의 소음을 차단해주는 일종의 커튼 역할을 하는 것으로 알려져 있다. 이 때문에 태아는 엄마의 목소리보다 낮고 저음인 아빠의 목소리에 더 귀를 기울이게 된다. 태아기에 아빠들의 태담이 더 효과를 발휘할 수 있는 이유이기도 하다.

임신 5~6개월 이후 태아는 자궁 밖에서 일어나는 소리의 대부분을 들을 수 있다고 보면 된다. 태아는 가족 간의 대화, 싸우는 소리, 외부의 사건 사고 소리, 노랫소리, 새소리까지 여과 없이 듣고 있다. 그렇기에 엄마가 누구와 어떤 이야기를 나누고 어떤 환경에서 무슨 소리를 듣는가 하는 점은 태교에 매우 중요하다. 바로 아기가 엄마와 함께 그 소리를 듣고 있기 때문이다.

갓난아기가 울 때 엄마의 심장이 위치한 왼쪽 가슴으로 안아주라는 이야기가 있다. 엄마의 심장 박동 소리에 대한 무의식적인 기억 때문에 아기는 안정감을 느끼고 울음을 그치기도 하기 때문이다. 또한 "쉬- 쉬-" 소리를 내며 달래면 울음을 그치는 경우도 있다. 바로 자궁 안에서 듣던 엄마의 혈액 흐르는 소리와 비슷하기 때문이다. 태교 시 아기에게 노래를 불러주며 교감했던 부모들은 아기가 태어난 후 배 속에 있을 때 들려줬던 노래를 불러주면 울며 칭얼대다가도 어느새 잠잠해진다고 고백하기도 한다.

아기는 태명도 기억한다. 태아에게 태명을 계속 불러주고 태어난 후에도 태명을 부르면, 아기가 그 이름을 기억하고 있기 때문에 반응을 보인다.

14

태아의 오감은
어떻게 발달하는가?

: 태아에서 시각계의 형성은 배아 4주에 일찍 시작

아기의 감각은 자궁 내에서 발달하기 시작한다. 피부 감각이 제일 먼저 나타나고, 그다음에는 균형 감각, 미각, 후각, 청각, 마지막으로 시각이 생겨난다. 촉각 신경은 임신 10주에 태아의 피부에 나타나고 임신 7개월부터 촉각을 담당하는 뇌가 기능한다. 혀의 미각기관인 미뢰는 임신 7주에 나타난다.

태아에서 시각계의 형성은 배아 4주에 일찍 시작되지만, 모든 체계가 구비되고 가동되려면 출생 후 몇 개월이 지나야 한다. 그리고 모든 경로가 견고하게 안정되려면 그 후로 또 몇 년이 더 걸린다.

망막은 수정체중심와(fovea)에서 시작해서 주변부로 향하며 성숙된다. 임신 14주가 되면 수정체중심와 세포는 모두 형성되지만, 망막 주변부에 있는 간상세포와 원추세포는 출생 후에도 계속해서 형성된다. 신생아는 주변시가 중심시보다 좋다. 중심시는 출생 후 몇 개월이 지나 원추세포의 변화로 급격히 좋아진다.

외측슬상핵의 신경세포들은 망막의 세포들이 형성되고 난 뒤에 형성되기 시작하여, 임신 11주에는 외측슬상핵 내 모든 신경세포의 형성이 끝난다. 그리고 임신 초기가 끝나갈 무렵에 망막의 신경절 세포와 외측슬상핵의 연결이 이루어진다. 출생 후에도 외측슬상핵 신경의 시냅스 형성은 계속되는데, 이때 시냅스는 대뇌피질 세포와 연결됨으로써 대뇌피질이 시각 기능을 조절하게 한다.

임신 중기가 되면 시각피질은 급격히 자란다. 1차 시각 영역에 있는 1억 개의 세포들이 임신 14주와 28주 사이에 모두 만들어진다. 또한 1조 개의 시냅스는 각각 자기 길을 찾아서 색, 모양, 위치, 방향, 깊이의 감지 등에 필요한 신경회로를 형성한다.

그렇다면 시각계의 발달을 고려하여 자궁 속 태아에게 어떤 빛을 비춰주어야 할까? 태아 스스로 빛에 대한 적응력을 서서히 키워야 하므로, 강렬한 빛보다는 부드러운 빛이, 인공광보다는 자연광이 좋다. 집 안에만 있지 말고 가벼운 나들이를 자주 하고 때론 태양이 눈부시게 비치는 강변을 산책하자. 따뜻하고 환한 햇빛 아래 있으면서 태아에게 태양 빛을 선물하자.

⋮ 신생아의 77%가 엄마의 양수 냄새를 기억한다

에스토니아의 탈루 대학병원 소아과의 바렌디(Varendi) 교수는 태아가 자궁 속에서 맡은 냄새를 기억한다는 것을 증명했다. 바렌디 교수는 임신부의 양수를 채취하였다가 출산 후 한쪽 젖꼭지에 묻힌 후, 아기가 어느 쪽을 선택하는지 관찰하였다. 신생아의 몸에 양수가 남아 있으면 결과에 영향을 미칠 것을 고려해, 반은 깨끗이 몸을 닦아주었고 나머지 반은 몸을 닦지 않은 채였다. 그 결과, 태어난 후에 몸을 깨끗이 씻긴 신생아는 30명 중 23명, 몸을 씻기지 않은 신생아는 30명 중 27명이 양수를 묻힌 젖꼭지를 선택했다. 결국 몸을 씻은 것과 상관없이 77%가 양수 냄새를 기억한다는 결론을 얻을 수 있었다. 바렌디 교수는 이것을 자궁 안에서의 후각 학습 효과라고 설명했다.

다만 아쉬운 것은 아기들의 놀랄 만한 후각 능력도 태어난 후 일주일 정도가 지나면 서서히 사라져 극히 일부만 남는다는 점이다. 포유류 중에서도 개, 고양이, 염소 같은 동물들은 태어난 후에도 기능을 전혀 잃지 않아 후각 능력이 인간의 300~500배에 이른다. 유독 인간만 후각이 이렇게 약화되는 것은, 아마도 그 대신 두뇌의 능력을 극대화하기 위한 조물주의 배려일 것이다.

실제로 신생아들은 엄마의 체취나 젖 냄새에 민감하게 반응한다. 후각은 다른 감각 신호들과는 달리 유일하게 시상을 거치지 않고 곧바로 대뇌피질의 특정 신경세포 부위로 이동하는 감각이다. 다른 감각 신호들과 달리 의식되지 않은 채 대뇌로 들어와 기억력과 감정의 중추인 대뇌 변연계에서 바로 처리되기 때문에, 무의식적으로 맡는 냄새가 곧바로 정서적인 흥분을 일으키기도 하는 것이다.

태아는 엄마 냄새를 기억하고 그 냄새와 관련된 기분 좋은 일들을 연결한다. 그래서 '기분 좋은 냄새=엄마 냄새'로 인식해 냄새의 주인공이 엄마임을 바로 알 수 있는 것이다. 신생아들의 후각과 미각은 잘 발달돼 있다. 우유 맛과 엄마 젖 맛을 구분하고 선호할 수 있으며, 심지어 엄마의 냄새와 다른 사람의 냄새를 구별할 수 있다.

아기가 태어날 때 풍기는 양수 냄새도 도움이 된다. 이 냄새가 아기를 진정시키고, 엄마와 엄마의 젖에 대한 선호도를 결정하게 하고, 아기가 자궁 밖으로 나오는 것을 돕는다. 생후 1주일 동안 양수 냄새에 대한 아기의 선호도가 줄어드는 반면, 엄마 젖 냄새에 대한 선호도는 증가한다. 젖 냄새를 좋아하면 수유할 때 도움이 될 수 있다. 또한 모유를 먹는 아기는 엄마가 가슴을 씻은 경우보다 씻지 않아서 냄새가 그대로 남아 있는 경우에 더 빠르게 가슴에 달라붙는다. 따라서 수유가 걱정이라면 씻지 않는 것도 좋은 방법이다. 만약 엄마가 평소에 뿌리던 향수를 바꾸면 아기는 처음에 혼란스러워할지도 모른다.

그렇다면 아기들은 언제부터 냄새를 맡을 수 있을까? 후각상피와 후각망울은 임신 11주 차, 즉 임신 3개월 후반쯤 되면 존재한다. 그런 다음 임신 5개월 후반에서 6개월 사이에 콧구멍이 열리고, 양수가 후각상피에 닿기도 한다. 조산된 아이들의 경우엔 임신 7개월 무렵에 냄새에 대해 가장 빠르게 반응한다.

임신 13주에는 혀의 미뢰들이 뇌로 가는 신경들과 연결

미국 아이오와 의과대학의 로빈슨(Robinson) 박사는 임신한 양에게 식염수, 퀴닌, 어미 양의 젖, 설탕물 등 무해한 4가지 물질을 각각 자궁 속에 흘려 넣은 후 새끼 양의 반응을 실험했다. 새끼 양은 식염수와 설탕물에는 아무런 반응을 하지 않았다. 그러나 퀴닌과 어미 양의 젖에는 각각 반응을 보였다. 다소 쓴맛이 나는 약인 퀴닌에 심박동 수가 증가한 반면, 어미 양의 젖에는 다소 감소되었다. 이는 젖에 새끼 양을 안정시키는 어떤 성분이 있지 않은가 하는 추측을 하게 한다.

과학자들은 단맛 미뢰는 혀의 한 부분에만 존재한다고 생각했다. 그러나 이제는 각각의 미뢰가 혀 전체에 분포돼 있음을 알고 있다. 수용체 세포들은 일찍이 임신 8주쯤에 혀에서 만들어진다. 임신 13주에는 미뢰가 입 전체에 존재하며, 뇌로 가는 신경들과 연결돼 있다. 축삭돌기들이 뇌 구조와 기능적으로 연결될 무렵이면 미각이 생기기 시작한다.

자궁 내의 맛 조건화 실험을 위해 연구자들은 임신부들에게 임신 7개월에서 9개월 사이에 3주 동안 이틀에 한 번씩 당근 주스 약 300ml를 마시게 했다. 그 이후 태어난 아기들은 난생처음 당근 맛 시리얼을 맛보고도 얼굴을 찡그리지 않고 잘 먹었다.

⦂ 부부의 피부 접촉이 태아의 뇌 발달을 돕는다

아기가 배 속에 있을 때부터 간접적이나마 접촉을 시도하는 것도 좋다. 부부의 피부 접촉, 특히 남편이 아내의 배를 쓰다듬어주는 것 등이 교육학자들이 권하는 대표적 방법이다. 태아의 뇌 발달을 위해 권장하는 이 방법은 임신부의 심신 안정에도 큰 도움이 된다. 이렇게 태아의 대뇌피질을 키우는 부부의 노력은 임신 중반기의 대표적인 태교 지침이기도 하다.

피부로부터 정보를 전달하는 신경 경로는 다른 감각보다 앞선 임신 초기에 발달한다. 아기의 피부에는 각양각색의 수용체, 즉 촉감이나 진동, 압력, 피부 긴장, 통증, 온도 등을 감지하는 특정 신경 말단이 포함돼 있다. 이 수용체들은 임신 3개월 후반쯤 완전히 제자리를 잡는다. 근육과 관절에 있는 또 다른 수용체 집합은 신체 위치 선정과 근육 긴장도에 대한 정보를 제공한다. 대체로 촉각은 극파로 전환돼 축삭돌기를 거쳐 척수를 지나 뇌줄기로 보내진다.

태어날 때부터 아기들은 촉감과 온도를 감별할 수 있다. 아기들은 뺨에 닿는 차가운 물체를 거부하고 따뜻한 물체를 향한다. 촉감 정보를 전달하는 축삭돌기들이 아직 수초로 덮여 있지 않아 신경의 전달 속도가 느리기 때문에, 아기들은 촉감을 감지하는 데 성인보다 8배 정도 느리다. 아기들의 처리 속도는 만 1세쯤 되면 향상되지만, 만 6세는 되어야 성인의 수준에 도달한다. 예외가 있는데 그것은 바로 통증이다. 통증은 성인도 수초로 덮이지 않은 축삭돌기를 거쳐 전달된다. 그래서 아기도 신속하게 통증을 처리할 수 있다.

2

임신과 두뇌태교

01

임신 1개월의
두뇌태교

⋮ 배아의 뇌 - 신경관이 생기고 기본적인 뇌 구조가 형성된다

정자와 난자가 만나 수정된 후부터 약 임신 10주까지 모든 신체 기관이 형성되기 시작하는데, 이를 배아라고 한다. 그 이후부터 출산 때까지를 태아라고 한다. 배아기에는 심장, 뇌, 간, 폐 등 중요 기관의 원시세포가 형성되고, 태아기에는 배아기에 만들어진 신체의 각 부분들이 발육하고 성장한다. 배아의 뇌는 빨리 자란다.

앞으로 뇌가 될 신경관이 접히면서 주위의 부위들이 합쳐지는데, 그로 인하여 중심부에는 튜브 형태의 긴 통로가 생긴다. 이것을 신경관이라고 하는데, 배아 몸 전체에 뻗어 있다. 신경관은 중간 부분

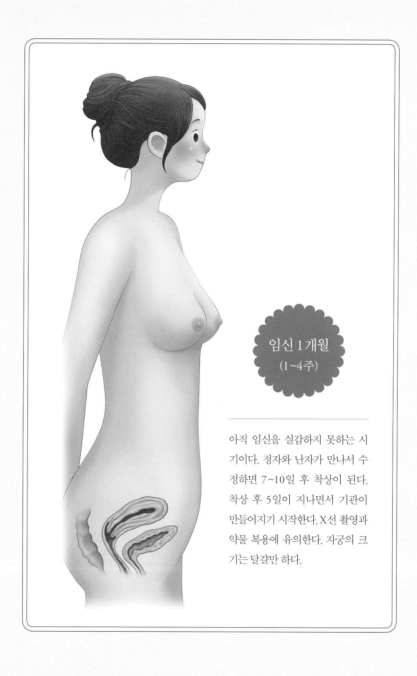

임신 1개월
(1~4주)

아직 임신을 실감하지 못하는 시기이다. 정자와 난자가 만나서 수정하면 7~10일 후 착상이 된다. 착상 후 5일이 지나면서 기관이 만들어지기 시작한다. X선 촬영과 약물 복용에 유의한다. 자궁의 크기는 달걀만 하다.

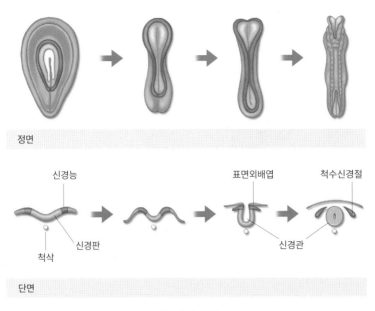

정면

신경능

표면외배엽   척수신경절

척삭   신경판   신경관

단면

신경관의 형성

에서 닫히기 시작해서 임신 2개월이면 머리 부위가 닫히고, 그 뒤를 이어 꼬리 부위도 닫히게 된다.

폐쇄된 관은 뇌와 척수가 되는데, 뇌가 될 부위는 굵고 척수가 될 부위는 가늘다. 척수가 될 부위는 신경관의 벽이 두꺼워지면서 좌우의 감각과 운동을 담당하는 부분으로 분화된다. 반면 뇌가 될 부위는 세 개의 큰 팽대부가 나타난다. 전뇌, 중뇌, 후뇌가 될 이 팽대부들이 커지면서 신경관은 전체적으로 큰 머리를 가진 벌레와 같은 모양을 하게 된다. 이 세 팽대부는 임신 6주가 지나면 완전한 형태를 갖춘다. 이때부터 미숙하나마 심장도 박동하고, 장차 팔과 다리가 될 부분도 튀어나온다. 임신 1개월 배아의 길이는 3mm 정도이다.

첫 임신이라면 설렘과 함께 두려움도 찾아온다. 그런데 임신부가 스트레스를 받으면 면역력이 떨어져 질병에 걸릴 확률이 높아진다. 깨끗하고 밝고 편안한 환경에 있으면 심리적으로도 안정되며 마음도 차분해진다. 밝은 색조는 사람의 마음을 환하게 하므로 집 안을 밝게 꾸미고 옷도 가급적 밝은 것으로 입어 생기를 더하자. 태아가 자궁 내에 무사히 착상해서 잘 자랄 수 있도록 마음을 느긋하게 가지고, 사물을 긍정적인 시각으로 보는 습관을 들이는 것이 중요하다. 마음을 편안하게 갖는 가장 좋은 방법은 명상이다. 명상을 하면 알파파가 충만해져 긴장이 풀리면서 기분이 좋아진다.

: 자연유산의 80%가 임신 12주 이내에 발생한다

임신을 준비하고 있는 여성이라면 X선 촬영을 하거나 약물을 복용할 때 항상 주의해야 한다. 임신 10주 태아는 크기 4cm의 작고 연약한 상태이며, 임신 3주에는 뇌세포가 분화되고 발육하기 때문에 이러한 외부 요인에 영향을 받을 수 있다. 임신 자각 증상도 없는 시기이므로 임신 가능성이 있다면 늘 조심한다. 담배를 피우거나 술을 마시고 있다면 끊어야 한다. 임신부들은 특히 임신 12주 전까지의 약물 복용과 외부 환경에 주의해야 한다. 자연유산의 80%

가 임신 12주 이내에 발생한다.

혹시 먹는 영양제가 있다면 설명서를 자세히 읽어 임신 중 태아에게 어떤 영향을 미치는지 알아보아야 한다. 비타민과 미네랄, 허브 등은 전문가와 의논하지 않고 함부로 많은 양을 먹을 경우 부작용을 일으킬 수도 있다. 예를 들면 비타민 A를 지나치게 복용하면 기형아 출산 확률이 높아질 수 있다는 연구가 있다. 임신을 계획하고 있다면 임신하기 3개월 전에 영양제 복용을 중단하는 것이 좋다. 대신 여러 가지 음식을 골고루 먹어 영양소가 부족하지 않게 하자.

임신했다는 자각 증상이 거의 없기 때문에 자칫 위험한 환경에 노출될 수 있다. 마지막 생리를 한 지 2주일 이후에 수정하므로, 임신을 원한다면 배란일 이후부터 다음 생리 예정일까지는 약물 복용, 방사선 촬영, CT 촬영 등에 주의하는 것이 좋다.

특히 수정 후 세포 분열이 되는 단계에서 경구 피임약, 항생제, 감기약, 신경안정제, 특히 수면제 등의 약물에 노출되면 염색체 이상을 초래해 태아가 자연유산이 되거나 태내 기형이 될 수 있으므로 주의한다.

고양이나 강아지 같은 애완동물을 가까이하면 톡소플라스마라는 원충에 감염될 가능성이 있다. 감염되어도 특별한 증상이 없으므로 지나칠 수 있는데 후유증이 치명적이다. 태아의 신경계에 침범해서 뇌에 이상을 초래할 수 있으므로 임신을 앞두고 애완동물과 자주 접촉하지 않는다.

⫶ 임신 초기에는 가능하면 많은 종류의 음식을 골고루 섭취

엄마가 먹는 음식은 곧 태아가 먹는 음식과 같다. 음식은 임신 초기부터 많은 영향을 주므로, 다양한 음식을 섭취하도록 식단을 짠다. 라면이나 햄버거 같은 인스턴트식품이나 화학조미료, 방부제가 다량 함유되어 있는 식품은 가급적 멀리하자. 또 아직은 추가 칼로리나 영양에 크게 신경을 쓸 시기가 아니지만, 엄마의 건강과 태아의 원활한 발육을 위해 한 끼 식사라도 소홀히 하지 말고 하루 세끼 규칙적으로 먹는 습관을 들이는 것이 좋다.

임신 초기에는 가능하면 많은 종류의 음식을 골고루 섭취하는 것이 좋다. 또한 뇌를 구성하는 단백질을 충분히 섭취하고, 뇌 발달에 필수적인 DHA는 몸 안에서 만들어지는 것이 아니므로 음식으로 섭취하여야 한다. 다만 아무리 영양이 풍부한 음식이라도 엄마가 내키지 않으면 먹지 말고, 좋아하는 음식이라도 편식하지 말아야 한다. 술은 단 한 번의 만취 상태만으로도 태아의 뇌에 영향을 줄 수 있다. 커피, 코코아, 콜라 등 카페인이 들어 있는 식품은 혈관 수축을 가져와서 태아 산소 공급을 저해하고 철분과 칼슘의 흡수를 방해할 수 있다. 항상 충분한 영양분과 물을 섭취하라.

임신 전 식욕에 문제가 없다면 임신 초기부터 무리하게 열량을 늘릴 필요는 없다. 임신 초기에는 몸무게가 한 달에 450g 정도 늘어나는 게 정상이다. 갑작스러운 몸무게 증가는 고혈압을 유발하고 때로는 생명을 위협하는 임신중독증으로 이어질 수 있다. 갑자기 열량이 늘면 혈당 문제를 악화시킬 수 있으며 아기에게도 영향을 미칠 수 있다. 임신부가 고혈당이면 아기도 고혈당일 수 있으며 계속 고혈당에 노출된 태아는 매우 크게 자랄 수 있다.

⋮ 임신하기 3~4개월 전부터 엽산을 꾸준히 먹자

선천성 기형에 대한 불안감을 없애고 싶다면 임신하기 3~4개월 전부터 엽산을 꾸준히 먹자. 엽산은 비타민 B로 매일 0.4mg 정도를

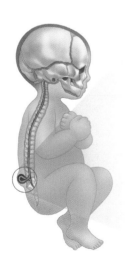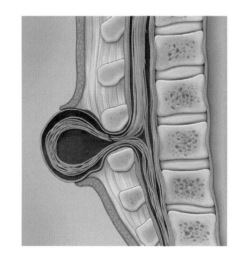

이분척추증

섭취하면 척추와 뇌와 관련된 여러 가지 선천성 기형을 예방할 수 있다. 신경관은 임신 3주 이내에 완성되기 때문에, 임신을 계획하고 있을 때부터 엽산을 먹으면 효과가 있다. 선천성 기형 가운데 하나인 이분척추는 임신하고 첫 몇 주 동안에 발생한다. 이분척추의 75%는 임신부가 미리 엽산을 복용했더라면 피할 수 있다. 엽산이 많이 들어 있는 식품은 아스파라거스, 아보카도, 바나나, 콩, 브로콜리, 달걀노른자, 완두, 간, 시금치, 딸기, 요구르트 등이다.

물을 하루 8컵 이상 마신다. 양질의 단백질과 칼슘을 섭취한다. 변비와 빈혈을 예방하는 자두를 먹는다. 달걀노른자와 간유를 섭취한다. 입덧으로 인해 속이 거북할 때 탄산음료를 마시면 속이 가라앉는 임신부가 있다. 그러나 탄산음료는 당분 함량이 높고 체내에 칼슘이 흡수되는 것을 방해하는 인 성분이 들어 있으므로 가급적 마시지 말자.

⋮ 임신 초기에 적당한 운동으로 혈당을 유지하라

혈당량이 너무 낮아지지 않는 것이 임신 초기에 특히 중요하다. 3시간 정도 간격으로 간식을 먹으면 혈당을 유지할 수 있다. 많은 임신부는 메스꺼움이 시작된다. 간식을 먹고 2시간 이내에는 운동하면 안 되고, 운동 직후에는 적은 양의 간식을 먹어야 한다. 간식거리는 복합 탄수화물 또는 과일로 해야 한다. 왜냐하면 파스타 또는 하얀 빵 같은 한정된 탄수화물은 처음에는 혈당량을 증가시키지만 30분~1시간 후에는 혈당량을 떨어뜨리기 때문이다.

적당한 운동은 분만을 이겨낼 힘을 길러주므로 임신 주기에 맞는 운동을 규칙적으로 한다. 단, 운동 중 맥박이 140을 넘지 않도록 자주 쉬어준다. 임신 초기의 나른함과 피로를 이겨내려면 적당한 스트레칭과 근력 운동이 필요하다. 모든 운동은 자연스러운 호흡과 함께 하며, 각 동작을 3~5회 반복한 후 몸을 옆으로 돌려 눕는다.

임신에 대한 부담감으로 예민해지고 감정의 기복이 심해질 수 있다. 아빠와 대화를 자주 하며 임신을 준비한다. 늦은 귀가와 잦은 손님 초대는 피한다. 그뿐만 아니라 아빠의 과음과 외박 등도 임신부에게 스트레스를 주는 일이므로 가능하면 피한다. 임신 중에는 사우나실 등에 들어가지 않는 것도 유의할 일이다. 또한 아빠와 함께 임신 기간을 어떻게 보낼지 계획을 세운다.

02

임신 2개월의
두뇌태교

⁝ 태아의 뇌 - 뇌에 있는 뉴런의 80%가 이 시기에 분화된다

머리와 몸체, 팔, 다리의 형태가 구별되어 점점 사람의 형태를 띠어간다. 임신 6주가 지나면 심장이 박동을 시작한다. 심장 혈관에서 온몸에 혈액을 보내는 능력이 생긴 것이다. 임신 7주 정도가 되면 초음파로 태아의 심장 박동과 원시적인 움직임을 볼 수 있다. 세포 분열이 빠르게 진행되는 시기로 임신 5주 정도 되면 뇌와 척수가 형성되기 시작하고, 7주째가 되면 머리가 몸 전체의 반 정도를 차지하면서 머리와 몸통으로 구분된다. 본격적으로 몸의 각 기관이 나누어지는 시기라 할 수 있다. 뇌와 신경세포의 80%가 이 시기

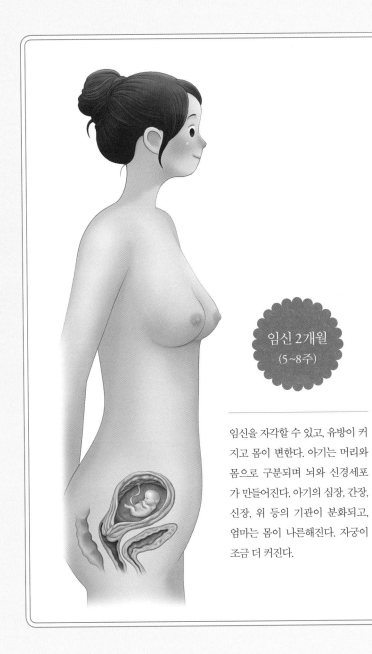

임신 2개월
(5~8주)

임신을 자각할 수 있고, 유방이 커지고 몸이 변한다. 아기는 머리와 몸으로 구분되며 뇌와 신경세포가 만들어진다. 아기의 심장, 간장, 신장, 위 등의 기관이 분화되고, 엄마는 몸이 나른해진다. 자궁이 조금 더 커진다.

에 분화되는데 눈과 귀의 시신경, 청각 신경이 발달하고 턱과 입이 나타나며 뇌가 급속도로 발달하는 시기이다. 또한 태반의 융모 조직이 점점 발달하여 태반을 만들기 시작하고, 탯줄이 될 조직도 생긴다.

인간의 뇌는 다른 영장류의 뇌보다는 복잡하다. 따라서 순환기계나 소화기계보다 배아 상태를 벗어나는 데 더 오랜 시간이 필요하다. 숨을 쉬고 음식을 먹는 것을 담당하는 뇌 부위가 더 빨리 발달하고, 언어와 사고를 담당하는 영역이 늦게 발달한다.

임신 7주가 되면 세 팽대부가 더욱 분화되는데 가장 앞에 있는 전뇌는 가운데서 나뉘어 좌뇌와 우뇌를 형성한다. 임신 8주가 되면 본능의 뇌인 뇌교, 연수, 소뇌, 시상, 기저핵 등과 정서의 뇌인 변연계, 이성의 뇌인 대뇌피질이 만들어진다. 이때 12쌍의 뇌신경도 나타나는데, 이 뇌신경들은 앞으로 눈, 귀, 코, 입 그리고 몸의 다른 여러 부위에서 얻은 감각 정보와 운동 정보를 뇌로 전하는 역할을 하게 된다. 뇌에 있는 뉴런의 80%가 이 시기에 분화된다.

⋮ 엄마는 항상 몸과 마음의 안정을 유지해야 한다

엄마가 지속적으로 스트레스에 노출될 경우 엄마의 혈액 내에 증가한 스트레스와 관련된 신경전달물질인 에피네프린이 자궁

근육을 수축시켜 태아에게 공급되는 혈류량을 떨어뜨린다. 이 때문에 산소와 영양분의 공급 부족으로 인하여 태아의 뇌가 손상될 수 있다. 또한 엄마의 스트레스는 태반을 통해 태아에게 전해지는데 스트레스 호르몬인 코르티솔이 증가해 뇌의 위축을 가져올 수 있다.

태아는 엄마와 탯줄로 연결되어 있는 자궁 속에서 보호받으며 성장한다. 따라서 엄마가 병이 있거나 자궁의 상태에 이상이 있다면 태아의 건강에도 나쁜 영향을 미친다. 엄마가 담배를 피우거나 술을 마시거나 스트레스를 많이 받으면 태아에게 좋지 않다는 부정적인 근거는 많다. 양수 안의 환경에 따라 태아의 발달 정도가 달라지므로 엄마는 항상 몸과 마음을 편안하게 유지하도록 노력한다. 사우나에 가거나 뜨거운 물에 목욕하는 것은 절대 금물이고, 실내 선탠 등도 하면 안 된다. 임신부의 체온이 상승하면 태아에게 좋지 않을 수 있다.

일부 기침약과 수면제는 알코올 함량이 매우 높은 편이므로 반드시 의사의 처방을 받아서 복용한다. 한약과 영양제는 함부로 먹지 않는다. 임신부가 마시는 술은 태반을 통과하여 태아의 발육과 성장에 큰 영향을 미친다. 특히 알코올은 어떤 물질보다 태반을 잘 통과하기 때문에 태아의 뇌세포 성장에 더욱 큰 영향을 미친다. 임신부가 알코올을 일정량 이상 마시면 아이가 출생 전후에 성장 장애가 나타나거나, 지능 저하 또는 행동 장애와 같은 중추신경계 이상

을 가져오고, 머리가 작거나 얼굴이 납작해지는 등의 기형아가 될
수 있다.

⠿ 임신 7주에 들어서면 서서히 사람의 형태가 나타난다

입덧은 임신 6~8주에 잘 나타나는데, 전체 임신부의 60% 정도가
경험한다. 임신부가 좋아하는 음식물을 조금씩 수시로 먹어 속이
비지 않게 하는 것이 좋고, 가급적 냄새가 별로 없는 음식을 선택할
필요가 있다. 우유 같은 음료를 준비해두는 것이 좋은데, 입덧에 의
한 구토 후 수분 결핍과 변비를 막기 위해 수분을 충분히 섭취해야
한다. 그러나 고형과 액체를 함께 먹지 말고 고형의 것이 위 속에
자리 잡은 뒤에 음료를 마시도록 한다.

임신부의 혈액에 철분이 부족하면 입덧이 더 심해지기 쉬우므로
빈혈을 막기 위한 식단을 만들어야 한다. 타닌이 많이 든 도토리묵,
떫은 감, 녹차 등의 식품을 피하고 빈혈을 해소해줄 수 있는 동물
의 간과 콩팥, 생굴 및 조개류, 김 등을 많이 먹도록 한다. 생선 중에
서도 정어리나 꽁치 등을 많이 먹는 것이 좋다. 특히 꽁치는 단백질
함량이 쇠고기나 돼지고기보다 높고, 비타민 B12가 많다.

임신 7주에 들어서면 머리, 몸체, 팔다리 형태가 구별되면서 서서
히 사람의 형태가 나타난다. 이때의 태아는 엄마가 먹는 음식이나

바깥세상의 자극과는 상관없이 양수 안에서 고요하게 닫힌 채로 생활한다.

임신부는 유제품, 녹황색 채소, 간, 달걀노른자, 견과류, 해산물, 육류 등을 통해 칼슘, 철, 아연 등의 섭취에 신경을 쓴다. 입덧과 빈혈을 예방하는 음식을 먹고, 수분 섭취를 충분히 한다. 영양 부족과 탈수 현상에 주의한다. 빈혈을 예방하는 비타민 식품을 섭취한다.

비타민 B군의 일종인 엽산과 무기질 중 하나인 아연은 태아의 심장과 각 기관을 만드는 데 없어서는 안 될 영양소이며, 태아의 세포 분열과 적혈구 형성을 적극 돕는다.

특히 엽산은 임신부 빈혈과 기형아를 예방하는 데 꼭 필요한 영양소이므로 각별하게 챙겨먹을 필요가 있다.

엽산이 많은 식품으로는 달걀노른자, 단호박, 녹황색 채소, 팥, 호밀빵 등이 있다. 또한 아연은 근육을 유연하게 하고 혈당치를 안정시키는 작용을 하여 임신부의 컨디션을 좋게 한다. 아연이 많은 식품에는 굴, 모시조개, 대합, 청어 등의 어패류와 달걀, 현미 등이 있다.

비타민 E는 자궁 내의 혈액 순환이 잘되게 하여 유산을 예방하는 데 도움이 된다. 아몬드, 밀 배아, 달걀, 대두, 브로콜리 등에 비타민 E가 풍부하게 함유돼 있다.

임신 초기에는 입덧 등으로 예민해져서 음식을 먹기 싫어도 의무적으로 먹는 것이 좋다. 개인차가 있어 입덧을 거의 하지 않는 사람도 있지만, 임신부는 식욕의 변화를 느끼고 냄새에 민감해지며 두통이나 구토 등으로 고통받는다.

이때 비타민 B6, 비타민 B12를 섭취하면 입덧을 예방하거나 증상이 조금 완화되기도 한다. 달걀, 대두, 녹황색 채소, 현미 등에 많이 들어 있다.

⋮ 허리와 등의 근육을 강화하는 운동을 하라

앞으로 불러올 배를 생각하여 허리와 등의 근육을 강화하는 운동을 한다. 이 시기까지는 아기가 완전하게 착상되지 않은 불완전한 기간이라고 할 수 있다. 따라서 지나치게 진동을 주거나 움직이는 운동은 피하는 것이 좋다. 그리고 오래 서 있거나 서서 하는 운동도 피하자. 엎드려서 하는 운동은 아직 가능하므로 엎드려서 등 근육을 강화하는 운동을 하는 것이 좋다.

임신했다고 해서 하던 운동을 무조건 멈추어야 하는 것은 아니다. 그러나 임신 사실을 알게 되면 운동 강도를 높여서는 안 된다는 점을 명심하자. 임신이 되었다고 생각되면 금해야 할 운동이 있다. 고공다이빙이나 행글라이딩, 잠수, 축구 등이다. 또한 평소에 활동적이지 않은 여성은 임신했을 때 심한 에어로빅 운동을 시작해서는 안 된다. 걷기와 같은 가벼운 운동으로 시작한다.

⦂ 태아의 뇌 발달을 위한 출산 전 자극이 관심을 끌고 있다

지능 발달 여부를 떠나 임신부는 태아의 뇌 발달을 위해 좋은 자궁 환경을 만들어줄 의무가 있다. 요즘은 부모 대부분이 똑똑하고 재능 많은 아기를 기대하면서 태교를 하는 경향이 있다. 그러나 부모의 지나친 기대가 욕심으로 변질될 수 있으니 경계해야 한다. 지나친 태교는 태아에게 스트레스가 될 수 있기 때문이다. 태교는 배속의 아기에게 좋은 환경을 만들어주는 것으로 충분한 영양 공급, 편안한 마음, 유해물질 차단 등을 기본으로 한다. 즉, 이것이 진정한 태교의 의미이다.

최근에는 이런 기본적인 것 외에 태아의 뇌 발달을 위한 출산 전 자극이 관심을 끌고 있다. 출산 전의 자극으로 태아의 IQ를 높인다는 사실 때문이다. 단, 우리가 꼭 기억해야 할 사실이 있다.

엄마의 자궁에 있는 태아는 양수라는 환경에서 지내기 때문에 외부 세계에 비해 모든 속도가 다르고 물에 뜬 상태로 몸을 조절하고 움직인다는 점이다. 결국 태아는 액체 환경을 통하여 모든 자극을 받기 때문에, 태어난 아기에게 해주는 일반적인 자극과 출산 전 자극은 달라야 한다.

태아는 아직 엄마의 소리를 들을 수 없다. 임신 사실을 확인한 엄마와 아빠가 한창 태교 계획을 세우고 신비로운 새 생명이 생겨났다는 사실을 실감하고 기쁘게 받아들이는 시기이다. 태아에게 그림책을 읽어준다기보다 엄마 자신을 위해 동화를 읽는다는 표현이 더 정확할 것이다.

그림책 읽기는 하루 30분 정도가 적당하다. 조용한 시간에 차분한 마음으로 하는 것이 좋다. 매일 일정한 시간에 꾸준히 그림책을 읽으면 태어날 아기도 규칙적인 생활 리듬을 가질 수 있다. 이 시기에 엄마가 읽을 동화는 그림이 많아서 엄마의 상상력을 높일 수 있는 종류가 좋다. 또한 내용은 선악 구조가 뚜렷하거나 너무 슬픈 이야기보다 사랑과 행복, 용기와 지혜가 담긴 잔잔하고 아름다운 이야기가 좋다.

일반적으로 태교용 책 읽기라고 하면 그림책만 떠올리기 쉽다. 그러나 임신을 하면 엄마는 당연히 엄마와 아기에 대해 공부하는 것이 우선이다. 임신이라는 새로운 경험에 대한 두려움과 막막함이 있기 때문이다.

특히 엄마는 앞으로 자신에게 어떤 변화가 일어날지, 아기는 어떻게 성장하고 아기를 위해 엄마가 할 수 있는 일은 무엇인지 미리 알고 대처해나가야 한다. 따라서 아기에 대한 책과 임신 전반의 변화에 대한 책을 읽는 것이 좋다.

서점에 자주 들러 좋은 책을 골라보는 것도 좋다. 책을 읽고 정서적으로 안정감을 갖는 것도 좋지만 서점의 분위기 자체가 태교에 도움이 된다.

딸 넷을 모두 천재로 키워낸 스세딕 부인은 임신 2개월이 지나면서부터 동물 그림이 많이 그려진 소박하고 아름다운 그림책을 읽어 주었다고 한다. 그녀의 말에 따르면, 아기가 좋아하는 그림책이 따로 있다고 한다. 특히 아기는 빨강, 파랑, 초록 등 원색에 선이나 색이 분명하고 단순한 그림책을 좋아한다는 것이다. 글이 너무 많은 것도 피해야 하고, 글이 있더라도 페이지의 반을 넘지 않는 것이 좋다.

⋮ 아빠는 엄마의 임신 사실을 기뻐하는 것이 중요하다

임신부는 임신에 따른 신체 변화와 분만에 대한 두려움 때문에 정서가 불안정할 수 있다. 따라서 이유 없이 짜증을 내거나 변덕을 부리거나 불안한 감정을 표출하기도 한다. 이것은 임신에 따른 호르몬의 변화 때문이므로 이해해야 한다. 즉, 이런 행동을 자연스럽게 받아들이고 해결해나가도록 노력해야 한다.

짜증 많은 아내를 도와주는 최고의 방법은 아무 말 없이 다정하게 안아주는 것이다. 아무리 아내가 짜증을 내도 남편이 사랑한다는 한 마디만 한다면 감동을 받는다. 엄마가 기분이 좋으면 태아도 긴장을 풀고 안정되고, 엄마가 화를 내거나 슬픈 마음이면 태아에게도 그 감정이 그대로 전달된다. 아빠는 엄마의 임신 사실을 기뻐하는 것이 중요하다. 아빠가 기뻐하는 모습을 통해 엄마는 태아의 존재를 소중하고 감사하게 여기게 된다.

꽃이나 편지 등 태교를 위한 선물을 하는 것도 좋다. 엄마와 함께 태교 계획을 세우고, 임신과 출산에 관한 공부도 시작한다. 태아와 이야기하는 데 특별한 준비가 필요한 것은 아니다. 상냥한 목소리로 그날 있었던 일상적인 일들을 이야기하면 된다. 이때 아빠는 엄마의 배에서 50cm 정도 떨어진 곳에서 이야기하는 것이 좋다.

술과 담배를 끊고 태교 계획을 세운다. 임신과 태교에 관한 책을 읽는다. 아내를 심리적으로 안정시키기 위해 집에 자주 전화하고 일찍 귀가한다. 집안일에 적극 동참한다. 입덧하는 아내를 위해 요리를 하거나 맛있는 음식점에 같이 간다. 임신 초기에는 유산의 위험이 높으므로 부부 관계 시 체위 선택에 주의를 기울여야 한다.

03

임신 3개월의
두뇌태교

⦂ 태아의 뇌 - 뇌 형태가 나타나고, 서서히 기억력이 생긴다

임신 3개월에 접어들면 머리, 몸통, 팔, 다리의 구분이 명확해지고 뇌의 구조가 형성되어 여러 가지 기능을 수행하게 된다. 이때부터 태아는 외부 자극을 차츰 기억하는데, 엄마의 행동으로 자극을 받으면 그것이 뇌에 전달된다. 임신 10주가 되면 아기는 5cm 정도 자라고 더 이상 배아로 불리지 않는다. 이때부터는 진정한 의미의 태아라고 할 수 있다.

배아와 태아의 차이는 인간의 형태를 갖추었는지 아닌지로 결정된다. 배아는 다른 척추동물의 배아와 형태는 그리 큰 차이가 없다.

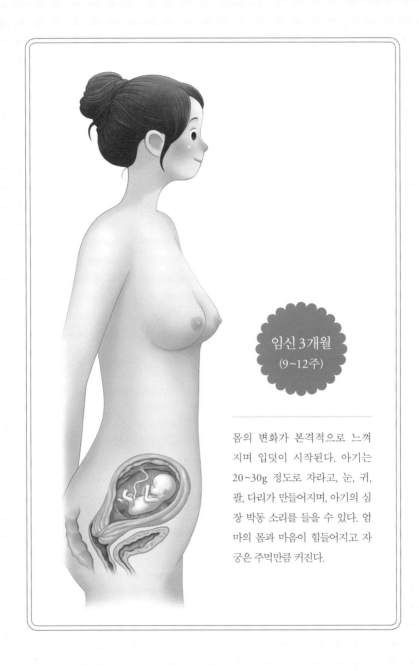

임신 3개월
(9~12주)

몸의 변화가 본격적으로 느껴지며 입덧이 시작된다. 아기는 20~30g 정도로 자라고, 눈, 귀, 팔, 다리가 만들어지며, 아기의 심장 박동 소리를 들을 수 있다. 엄마의 몸과 마음이 힘들어지고 자궁은 주먹만큼 커진다.

그러나 태아는 긴 손가락과 짧은 발가락, 앞을 향하는 눈이 생기고, 뒤에 달려 있던 꼬리가 없어지기 때문에 인간의 모습을 확인할 수 있다.

태아의 뇌는 다른 기관처럼 아직 구조만 있을 뿐, 그 기능을 하지 못한다. 임신 8주에 후각 뉴런이 발달한다. 후각의 정보를 뇌로 보내는 후각 세포는 임신 10주에 처음 형성되고 임신 11주가 되면 성숙되어 수가 많아진다.

피부 감각은 청각이나 시각 등의 감각보다도 훨씬 발달이 빠르다. 임신 8주가 되면 피부 감각을 느끼게 되고, 임신 12주가 되면 성인에 가까운 감각을 느낀다. 임신 11주 태아의 뇌는 기본적인 형태만 겨우 갖추고 있지만, 척수는 거의 완성되어 태아가 몸을 움직이는 것이 가능해진다. 머리와 다리를 구부릴 수 있고 기본적인 반사 반응도 나타난다. 다만 태아가 너무 작아서 엄마가 느끼지 못할 뿐이다. 임신 12주에 모든 감각을 뇌의 각 부위로 가게 하는 시상이 커지고, 시상 아래에는 소뇌가 커진다.

⠿ 제3의 뇌인 태반을 잘 관리하는 것이 두뇌태교의 첫걸음

태반은 태아의 두뇌 역할을 한다. 태뇌를 발달시키기 위해 태반은 다양한 호르몬을 조절하는데, 이 역할 때문에 태반을 태아의 제

3의 뇌라고 부른다. 즉, 태반을 잘 관리하고 보호하는 것이 태교의 첫걸음이라고 해도 무방하다.

태반은 임신 6~8주가 지나면서 기능하기 때문에 특히 임신 3개월에는 태반 관리에 신경을 써야 한다. 임신 8주까지는 임신을 지속시켜주는 역할을 황체호르몬이 하지만, 이 시기가 지나면 태반이 배턴을 이어받는다.

임신 기간 동안 태반은 각종 호르몬을 만들고, 분비하고, 저장한다. 이 시기에 임신부는 술과 담배를 입에 대서는 안 되고, 태아가 전자파에 민감하므로 전기담요와 전자레인지 등의 사용도 줄여야 한다. 또한 사우나와 온욕은 태아에게 해로울 수 있으므로 자제한다. 임신 중에는 일부 감염증과 질환이 태아의 장기나 성장에 영향을 주므로 질병에 감염되지 않도록 주의하자.

임신부의 스트레스는 태반의 기능을 손상시킬 수 있다. 또한 스트레스는 태반의 혈관을 수축시키므로 태반을 통해 태아에게 가는 혈액의 양이 줄어든다. 따라서 임신부들은 스트레스를 받지 않도록 각별히 주의해야 한다.

임신부는 일상에서 속상하거나 언짢은 일, 일상생활의 걱정 등은 빨리빨리 잊는 것이 좋으며 최대한 평온한 마음을 유지하자. 스트레스를 받지 않도록 해야 하고, 본의아니게 받게 된 스트레스는 적극적으로 해소해야 한다. 임신부는 태어날 아기를 위해 가능하면 좋은 음식을 먹고 자연의 소리를 듣는 것도 스트레스 해소에 도움이 된다.

: 고단백과 철분 섭취가 태아의 두뇌 발달을 돕는다

입덧이 심해 몸이 힘들 수 있으므로 영양 관리에도 신경을 쓰자. 탄수화물은 태아에게 1차적인 에너지원이 되며, 단백질의 효용성을 높이는 데 도움을 준다. 그러므로 매일 밥이나 면 등 복합 탄수화물을 섭취해야 하며, 동물성 단백질과 필수지방산, 철분, 칼슘 등의 섭취에 신경 써야 한다. 저지방 육류나 생선, 달걀, 견과류 등으로 단백질 섭취량을 늘리자. 콜린과 DHA는 태아의 뉴런을 생산하는 데 도움을 준다. 콩과 달걀노른자는 콜린이 풍부하고, DHA는 등 푸른 생선과 견과류에 풍부하다.

임신 3개월부터는 단맛을 경계해야 한다. 철분, 섬유소, 엽산이 풍부한 과일과 채소를 충분히 섭취하자. 엽산이 풍부한 시금치와 상추를 먹자. 단맛을 과다하게 섭취할 경우 칼슘이 부족하기 쉽다. 동물의 간, 소라, 말린 가다랑어, 굴, 조개류, 메밀, 쑥갓, 미나리, 시금치, 우유, 호두, 잣, 아몬드 등이 좋다.

: 적절한 운동으로 태아의 오감 자극을 시작하라

아직 엄마는 느낄 수 없지만 태아 스스로 약간의 운동을 시작한다. 한마디로 태아가 급성장하는 시기로 두뇌와 척수 세포들이 급

- ○ 모차르트의 '피아노 소나타 8번, 14번'
- ○ 하이든의 '현악 4중주'
- ○ 요한 슈트라우스의 '피치카토 폴카'
- ○ 스탠리 마이어스의 '카바티나'
- ○ 비발디의 '사계'
- ○ 차이콥스키의 '백조의 호수'
- ○ 드뷔시의 '바다'

격하게 불어나므로 엄마가 신선한 공기를 마시고 적절한 운동을 하면 좋다. 엄마가 운동하면 호흡을 통해 산소를 많이 받아들이게 되므로 태아의 뇌 발달에 도움이 된다. 따라서 건강한 태교는 태아의 재능을 키우는 노력이 아니라, 태아가 건강하고 마음이 편안하여 행복하게끔 엄마의 정서적 안정과 태아와의 정서적 교감을 위한 노력이어야 한다.

척추 압박으로 인해 골반이나 대퇴골이 아플 수 있다. 골반 주위 근육을 자주 움직여 통증을 완화한다. 낙상이나 외상을 당하지 않도록 주의하고 체중이 지나치게 늘지 않도록 조절한다.

아기의 피부 감각 중에서 제일 민감한 부분은 손가락 끝과 입술이다. 자궁 속에 있을 때 태아는 맨 먼저 입술과 손가락 끝으로 감각을 느낀다. 실제 갓 태어난 신생아의 입술 가장자리를 손가락으로 가볍게 만지면 아기는 반사적으로 만진 쪽을 향하고, 또 손바닥을 자극하면 자기 힘으로 주먹을 꼭 쥐는 등의 반응을 보인다.

태아를 초음파 진단 장치로 비춰보면 태아가 종종 손가락을 빨고 있다. 태아가 빠는 것은 손가락만이 아니다. 배 속에서 입에 닿는 것이라면 팔, 어깨, 자궁벽, 탯줄 등 무엇이든 빤다.

기억중추가 완전히 완성되지는 않았지만, 어떤 자극을 받으면 일부를 기억할 수 있다. 따라서 음악을 들려주거나 태담을 시작할 수 있다. 엄마의 마음을 차분하게 하는 정도가 좋다.

⋮ 아빠의 태교는 임신 3개월부터 하는 게 좋다

엄마는 아기를 가졌다는 기쁨이 크지만, 입덧이 있고 임신으로 인한 몸과 생활의 변화에 대한 두려움이 있다. 임신부가 스트레스를 받지 않으려면 평소와 다른 아빠의 애정과 관심이 중요하다. 우선 임신부에게 육체적 부담을 주지 않도록 배려하고 휴식과 안정에 중점을 두자.

아빠는 금연해야 하며 무리한 부부 관계는 삼가는 것이 좋다. 태교는 임신 3개월부터 해야 하는데, 아빠들 대부분은 태동을 느끼는 임신 5개월 때부터 태교에 동참한다.

태아의 실질적인 태동은 이미 3개월 때 시작된다. 아빠는 자궁 속에서 자라고 있는 태아의 모습을 머릿속에 그리면서 아내와 함께 태교를 시작해보자.

임신 10주의 태아는 상반신을 움직이며, 12주에는 자율적인 태동을 시작한다. 이 시기의 태아에게 가벼운 자극을 주면 손가락을 오므리거나 입을 벌리고 눈을 가늘게 뜨는 등의 반응을 보인다.

04

임신 4개월의
두뇌태교

⋮ 태아의 뇌 - 시냅스가 1초에 1,800만 개 만들어진다

뇌는 뉴런이라는 신경세포들로 이루어져 있다. 각 뉴런은 수상돌기에 의하여 연결되는데, 다른 뉴런에서 정보를 받아들이는 수상돌기 여러 개와, 다른 뉴런으로 정보를 보내는 축삭돌기 한 개로 구성된다. 축삭돌기와 수상돌기 사이에 핵이 들어 있는 세포체가 존재하는데, 이것이 뉴런의 기본적 물질대사를 담당한다.

뉴런은 매우 빠르게 생성된다. 아기에게 필요한 1,000억 개의 뉴런을 만들려면 임신 기간 동안 분당 25만 개의 세포가 만들어져야 한다. 그런데 대부분의 뉴런이 임신 중기에 집중적으로 만들어지므

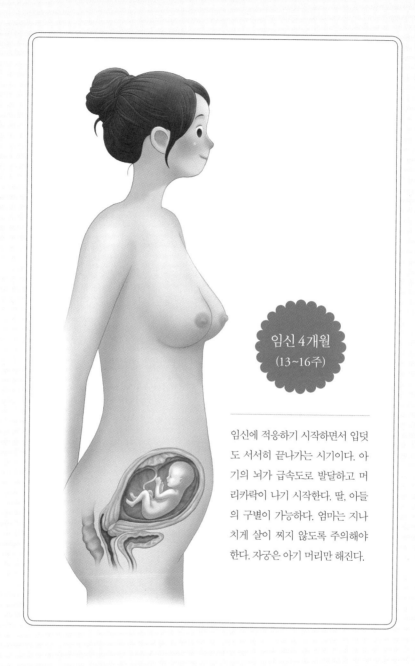

임신 4개월
(13~16주)

임신에 적응하기 시작하면서 입덧
도 서서히 끝나가는 시기이다. 아
기의 뇌가 급속도로 발달하고 머
리카락이 나기 시작한다. 딸, 아들
의 구별이 가능하다. 엄마는 지나
치게 살이 찌지 않도록 주의해야
한다. 자궁은 아기 머리만 해진다.

로, 임신 4개월에는 실제로 분당 50만 개 이상의 속도로 만들어져야 한다. 이처럼 광범위하고 폭발적인 뉴런의 생성은 초기 뇌의 각 부분을 형성하는 데 도움이 된다. 나머지 뇌의 가장 복잡한 부분들은 이미 만들어진 뉴런이 이동함으로써 완성된다.

뉴런의 정보는 활동전압이라는 전기적 흥분파에 의해 전달된다. 뉴런과 뉴런은 서로 붙어 있지 않고 시냅스라는 간극을 사이에 두고 떨어져 있다. 활동전압이 시냅스에 도착하면 축삭 말단에서 신경전달물질이 분비된다. 그리고 이 물질이 이웃한 뉴런의 수상돌기에 있는 수용체와 결합하여 새로운 활동전압을 만든다. 이렇게 정보는 전기화학적 전파 방식으로 전달되는데, 시냅스가 중요한 역할을 한다. 뇌 발달의 중심은 시냅스 형성이라 할 수 있다.

시냅스는 척수에서는 임신 7주, 뇌에서는 임신 9주에 형성되기 시작한다. 시냅스 형성은 뉴런의 생성이나 이동과는 달리 아주 천천히 진행된다. 뇌의 다른 부분보다 시냅스 형성이 느린 대뇌피질은 임신 기간 내내 시냅스가 형성되고, 이것도 모자라 생후 1년 내내 지속된다. 또 뇌의 어떤 부분은 생후 24개월에도 시냅스 형성이 계속된다. 각 뉴런당 약 15,000개의 시냅스가 형성되어야 하므로, 임신 2개월부터 출생 후 24개월까지 사이에 초당 1,800만 개의 시냅스가 형성되는 셈이다.

임신 13주에 목이 생기고, 바깥귀가 점차 목 윗부분으로 올라가 거의 정상 위치에 놓인다. 임신 14주가 되면 태아는 12cm 정도로 자라고, 중뇌와 후뇌 또한 잘 형성된다. 그러나 대뇌는 아직 미숙한 상태로 표면은 성인의 뇌와 달리 밋밋하다. 좌뇌와 우뇌가 자라는 동안 그들을 이어줄 뇌량이 만들어진다. 좌우 뇌가 뒤쪽으로 자라 시상을 덮어 시상은 결국 대뇌 아래 깊숙한 중심부에 위치하게 된다. 이때는 외견상 성 감별도 가능하다. 신체 변화로는 머리와 가슴 사이에 목이 형성되는데, 2주일이 더 지나서 16주, 즉 임신 4개월이 되면 스스로 머리를 들 수 있다. 임신 18주가 되면 태아의 머리에서 귀가 돌출되기 시작하며, 임신 20주에 이르면 임신부는 소위 태동을 느낀다. 태동을 느낌으로써 배 속에 새로운 생명을 품고 있다는 사실을 실감하는 것이다.

⁞ 임신 4개월부터는 하루에 300Kcal의 열량을 더 섭취한다

임신 10주가 지나면 태아는 자기 조절, 불안정한 자극에 대한 자기 방어, 관심과 같은 자기표현을 하려고 한다. 실제로 15주가 된 태아는 엄마의 기침이나 웃음에 따라서 움직인다는 사실이 초음파를 통해 관찰되었다. 태아가 오감을 느낄 수 있으므로 외부 환경의 영향을 직접적으로 받는다. 태아는 기쁨, 불안, 노여움 등의 감정이 생기므로 엄마는 마음을 항상 즐겁게 가지도록 노력하자. 태아의 성격은 유전자보다 자궁 내 환경에서 얻는 경험에 좌우되기 때문에 태아의 오감을 충족시키고 스트레스를 줄여야 한다.

임신 4개월에는 입덧이 사라지고 점차 활력을 되찾을 것이다. 이 때가 되면 드디어 태아의 성장과 더불어 배가 커지기 시작한다. 임신 4개월부터는 하루에 300Kcal의 열량을 더 섭취해야 한다. 돼지고기 2점, 당근 1개, 요구르트 1개, 중간 크기의 사과 1개 정도가 300Kcal이다.

따라서 임신부는 간식을 하루에 서너 번 정도 먹는 것이 좋다. 간식은 신선한 채소 샐러드, 삶은 달걀, 저지방 치즈 같은 영양가가 있는 것으로 조금씩 먹도록 한다. 흰쌀밥보다는 현미, 콩, 팥 등을 넣은 잡곡밥이 좋고, 빵도 통밀빵 등 잡곡이 섞인 빵이 좋다. 채소류는 시금치, 피망, 쑥갓, 당근 등을 끼니마다 100g씩 300g 정도 섭취한다. 매일 몸무게를 측정하면 종합적으로 필요한 총열량을 제대로 섭취하고 있는지 알 수 있다.

⫶ 단백질, 비타민 등 영양밀도가 높은 식품을 충분히 섭취

태아의 성장 속도가 빨라지는 시기로 임신부의 질적인 영양이 중요해진다. 고기, 생선, 콩류 및 유제품을 하루 일정량 먹으면서 양보다 영양밀도가 높은 식사를 해야 한다. 임신 4개월에는 태반보다 태아의 몸을 만드는 데 영양이 필요하다. 따라서 단백질 섭취가 중요한데, 육류보다는 생선이 좋다. 육류는 지방을 제거하고 살코기 위주로 먹는다. 햄, 베이컨 같은 가공식품은 화학물질이 첨가되어 있어 피하는 것이 좋다. 달걀은 하루 1개씩 반드시 익혀 먹는다. 완전식품인 동시에 콜린, 엽산 등의 성분이 있어서 임신부의 신경을 안정시킨다.

혈액의 양은 태아의 성장에 따라 늘어난다. 따라서 철분의 공급 역시 중요하다. 연골이 뼈로 변하는 시기이기 때문에 칼슘이 필요하다. 우유와 치즈, 요구르트와 같은 음식은 태아를 크고 단단하게 자라게 할 것이다. 어떤 이유로 유제품을 먹지 못한다면 다른 보충제로 칼슘 섭취량을 늘리자. 콩이나 달걀과 같은 고칼슘 음식을 신경 써서 먹어야 한다. 태아의 모발과 피부 건강, 성장을 위해 비타민 A가 많은 당근, 브로콜리, 토마토, 셀레늄이 풍부한 밀 배아, 새우, 굴, 마늘, 강낭콩, 땅콩 등과 요오드가 풍부한 해조류나 어패류를 먹어야 한다.

: 태아는 임신 4개월에 엄마의 목소리를 알아들을 수 있다

몸무게가 늘고 배가 나오면서 임신부는 허리가 쑤시고 다리가 저리기 때문에 움직이는 것을 싫어한다. 그렇다고 하루 종일 집에서 꼼짝하지 않으면 운동 부족으로 임신 비만을 초래할 뿐 아니라 난산으로 이어질 수 있다. 등을 곧게 펴고 올바른 자세를 취하자. 자세가 나쁘면 배가 불러오면서 허리에 부담이 돼 요통이 생길 수 있다.

간단한 맨손체조를 시작한다. 임신 중에 오래 서 있거나 돌아다니면 저혈압으로 인하여 갑자기 쓰러질 수 있으므로, 앉아 있거나 누워 있다가 일어날 때 갑자기 일어나지 말고 천천히 몸을 움직이는 것이 좋다.

임신 4개월에는 유산에 대한 위험이 줄어들기 때문에 적극적으로 생활하는 것이 좋다. 태아가 운동에 어떤 반응을 하는지 주시하라. 태동을 느낀 이후에는 운동하고 나서 20~30분 안에 태아의 움직임을 여러 번 느낄 수 있어야 한다. 태아가 피로할 때는 움직임이 느려지므로, 움직임이 적어지면 운동을 그만두어야 한다.

대뇌피질이 급속도로 자라고 기억과 관련되는 기관이 생기기 시작하므로 태교를 본격적으로 시작하자. 태아와 정서적인 유대감을 갖기 위해 태담을 많이 하고, 그림책이나 시집을 읽고, 자연을 접하는 등 임신부가 정서적으로 좋은 자극을 받아야 한다.

임신한 엄마에게 태아의 심장 박동 검사를 실시한 후 자연의 소리를 들려주면서 태아 심장 박동을 측정한 연구 결과가 있다. 연구 결과에 따르면, 자연의 소리를 들은 후 태아의 심장 박동을 측정하자 카오스 값이 0.76에서 0.91로 현저히 증가하였다. 자연의 소리가 태아 심장에 영향을 미쳐 태아의 생체 신호가 의미 있게 증가한 것이다. 이 시기에 듣기 적당한 음악으로 많이 추천되는 것은 엄마의 심장 박동 수와 비슷한 바로크 음악들이다. 특히 비발디, 하이든, 모차르트가 좋고 대금 산조와 같은 전통 음악도 좋다.

배 속의 아기와 많은 대화를 나누자. 엄마의 목소리는 태아의 두뇌 발달에 영향을 미친다. 태아는 임신 4개월에 엄마의 목소리를 알아들을 수 있다. 배를 쓰다듬으면서 아침과 저녁, 태아에게 인사하고, 밥 먹기 전에는 "맛있게 먹고 튼튼하게 자라라"라고 다정한 목소리로 말하자. 또한 태교 일기를 쓰는 것도 태아와 정서적 교류를 하는 데 도움이 된다.

⋮ 아빠는 엄마의 배를 쓰다듬으며 태아에게 말을 걸자

임신 4개월의 태아는 불쾌감, 불안, 즐거움 등의 감정을 느끼게 된다. 이때 아빠가 엄마의 배를 쓰다듬으며 노래를 불러주고 하루의 일과를 이야기해주면 태아는 아빠의 목소리에 익숙해져 관심을 보일 것이다. 잠잘 때는 엄마의 배를 쓰다듬으며 다정한 목소리로 말을 걸거나 자장가를 불러주자. 엄마와 같이 음악을 듣는 것도 좋다.

임신 4개월에는 입덧이 차츰 사라지고, 임신부의 자궁이 아기 머리만 해지면서 아랫배가 불룩해진다. 허리와 등에 통증이 오기 시작하므로 간단한 맨손 체조를 시작하면 좋다. 등을 곧게 펴고 바른 자세를 갖는 것도 중요하다. 또한 온몸을 가볍게 쓸어주거나 잠들기 전에 다리를 주물러주면 숙면에도 도움이 된다.

05

임신 5개월의
두뇌태교

⁝ 태아의 뇌 - 임신 5개월에 태아의 뇌는 80% 이상 발달한다

임신 5개월에 태아의 뇌는 80% 이상 발달한다. 특히 청각이 발달하여 외부에서 들려오는 소리를 들을 수 있으므로 태교 음악이 효과를 볼 수 있다. 부모의 목소리, 시계의 알람 소리까지 들을 수 있다. 임신 16주에 불완전하지만 뇌가 발달해 기쁨, 노여움, 불안 초조 등의 감정이 생긴다. 태아가 외부의 자극을 차츰 기억하게 되는 시기이다. 아직 성인과 같은 기억력이라고 할 수는 없지만, 엄마의 행동에 의해 어떤 자극을 받게 되면 그것이 뇌에 흔적을 남긴다. 임신 16주에 속귀가 완성되어 자궁 밖에서 나는 소리도 들을 수 있다.

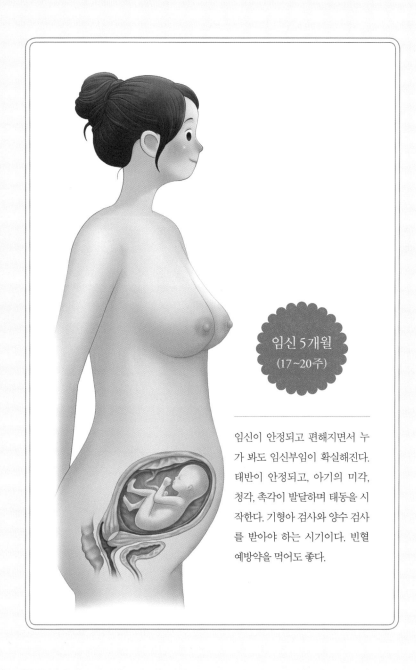

임신 5개월
(17~20주)

임신이 안정되고 편해지면서 누
가 봐도 임신부임이 확실해진다.
태반이 안정되고, 아기의 미각,
청각, 촉각이 발달하며 태동을 시
작한다. 기형아 검사와 양수 검사
를 받아야 하는 시기이다. 빈혈
예방약을 먹어도 좋다.

외부에서 들려오는 높고 낮은 소리를 들을 수 있지만, 그 소리의 의미는 이해하지 못한다. 그러나 큰 소리로 싸우는 일은 삼가야 한다.

임신 18주가 지나면 태아는 20cm 정도로 자라며, 10개의 손가락과 발가락, 4개의 방으로 구분된 심장, 그리고 제대로 된 모양의 두뇌를 초음파를 통해 알 수 있다. 임신 18주에 뇌 발달이 지속되어 촉각, 미각, 청각을 뚜렷하게 느끼고, 몸의 움직임이 더욱 활발해져 팔을 구부렸다 펴기도 하고 발길질도 한다.

임신 20주에는 후각, 미각, 청각, 시각을 전적으로 담당하는 뇌가 발달하고, 뇌에 주름이 생기기 시작한다. 24주가 되면 속귀가 완전히 형성되어 임신 34주가 되면 청각 신경이 신생아 정도에 이르게 된다. 임신 5개월에 몸의 균형을 담당하는 전정기관이 완전히 성숙한다. 조용히 있던 태아가 이때부터는 양수 안에서 발을 움직이며 활발하게 운동한다.

⦂ 엄마의 엔도르핀은 태아에게 그대로 전달된다

엄마는 임신에 대한 두려움이나 막연함이 사라지고 입덧도 끝나 몸이 편안해진다. 태아에게 강한 음향 자극을 주었을 때 태아가 양수를 삼키는 것이 발견되었다는 연구 보고가 있다. 청각적인 스트레스가 양수의 양을 줄여 태아의 발육을 방해할 수 있고, 양수의 양이 적어지면 태아는 외부의 시끄러운 소리에 보호받을 벽이 더 얇아지므로, 임신부는 큰 소리를 지르거나 자극적이고 시끄러운 음악을 듣는 것을 피해야 한다.

임신 17주부터 28주까지는 임신부와 태아 모두 안정된 상태이기 때문에 여행하는 데 무리가 없다. 엄마 배 속은 고산 지대보다 더 산소가 부족한 곳이다. 임신부는 복식호흡을 하고 공기가 좋은 곳에서 산책하면서 태아에게 신선한 산소를 충분하게 주어야 한다. 또한 임신부는 자주 행복감, 만족감, 불안감, 공포감이 교차하고, 피곤과 졸림을 느끼는 등 몸과 마음이 예민한 상태가 된다. 그래서 신경이 과민하여 좋아했던 냄새나 맛을 거부하기도 한다. 배 속의 아기와 대화를 하거나, 산책을 하거나, 좋은 그림을 감상하는 것은 임신부의 정서를 안정시키는 데 중요하다. 엄마가 먹는 것뿐 아니라 엄마의 감정도 태아에게 그대로 전달된다. 태아는 엄마의 엔도르핀을 공유하기 때문에 엄마가 행복감과 편안함을 느껴야 한다.

태아의 혈액 순환을 위해, 똑바로 누워서 하는 동작은 가능한 한 피해야 하지만 서서 하는 운동은 어느 정도는 괜찮다. 임신 체조는 온몸을 움직임으로써 스트레스를 해소하고 몸무게 증가를 막아준다. 체조는 출산할 때 많이 사용하는 근육이나 인대, 관절 등을 부드럽게 해주어 아기가 쉽게 나올 수 있는 환경을 조성해준다. 또 산전 체조를 함으로써 산후 체조로 이어져 빠른 산후 회복을 도와준다. 다만 배가 땅기거나 조금이라도 몸에 무리가 오는 것 같으면 당장 중단해야 한다.

　수영은 임신부에게 육체적으로 무리를 주지 않는 운동으로, 물속에서는 평소의 몸무게를 느끼지 않고 가볍게 움직일 수 있다. 요가를 통해 바르게 먹고 움직이고 호흡하는 등 올바른 생활 태도를 유지하자.

⸬ 태아를 위해 두뇌 성장을 돕는 식품이 필요하다

　임신 5개월에는 신선한 채소와 과일, 정백하지 않은 곡류, 말린 콩을 충분히 섭취하자. 철분은 하루 30mg 정도 섭취하여야 하는데 육류, 달걀, 채소로 섭취하고, 과일 주스 등으로 비타민 C를 보충하자. 특히 닭고기, 쇠고기, 내장류, 시금치, 케일 등에 철분이 풍부하다. 비타민 C가 함유된 식품을 함께 섭취하면 철분 흡수율이 높아진다. 빈혈이 있는 임신부라면 담당 의사와 철분제를 먹어야 할지, 무엇을 먹으면 좋을지 상의해야 한다. 태아가 성장하면서 임신부의 칼슘이 부족해지기 쉬우므로 게, 말린 새우, 정어리, 치즈 등으로 칼슘 섭취를 늘리자. 마그네슘은 뼈를 튼튼하게 하고 칼슘의 흡수를 돕는 비타민 D를 생성하므로 두부와 해조류 등을 섭취하자. 태아의 뇌 성장이 급속히 이루어져 머리 부분이 전체 몸무게의 33%를 차지하므로 두뇌 성장을 돕는 식품이 필요하다. 요오드 성분이 풍부한 미역과 굴, 셀레늄이 풍부한 버터, 훈제 청어, 간, 마늘, 조개, 비타민 E가 풍부한 참깨, 해바라기 씨, 아몬드 등이 두뇌 발달에 도움이 된다.

⋮ 창작 그림책을 읽어주고, 태교 음악을 듣는다

태교는 시기가 가장 중요하다. 5개월 정도 되면 태아의 오감이 어느 정도 발달하므로 엄마는 호기심과 지적인 자극이 있는 아름다운 내용이나 자유로운 상상이 가능한 창작 그림책을 읽자. 그림책을 읽어주는 시간은 5분 정도가 적당하다. 그림책은 감정 이입이 잘되고 미래를 아름답게 상상할 수 있으면 좋다.

읽은 후에는 느낀 점을 태아에게 들려주고, 태명을 부르면서 내용을 조금 다르게 창작하여 대화식으로 읽어주어도 좋다. 높은 톤으로 구연동화를 하듯 읽으면 된다. 태아에게는 구체적으로 표현하는 것이 좋은데, 사과를 먹더라도 맛, 색깔, 모양, 크기까지 다양하게 말해주자. 태아가 보고 있다는 생각으로 동작을 크게 하고, 말의 높낮이를 다양하게 하고, 음색도 여러 가지로 표현해보자.

임신 17~24주 태아는 외부의 소리를 모두 알아듣고 구별할 수 있으며, 심지어 그 소리에 대한 기억을 신생아 때까지 갖고 있다. 그래서 배 속에서 들은 엄마와 아빠의 소리를 기억하며 신생아 때 자기 이름을 부르면 반응하는 것이다.

태동을 느낄 때마다 배 속의 태아와 대화하자. "반갑다, 엄만 네가 무척 보고 싶구나"라는 식으로 배를 쓰다듬으며 말을 건네자. 이렇게 해주면 태아도 엄마의 반응을 느낀다. 연구에 의하면, 임신부에게 음악을 들려주었을 때 실제로 태아가 반응한다. 엄마는 평온한 음악을 들으며 정서적으로 안정되고 풍부한 감성을 갖추도록 하자.

태아와 함께 음악을 듣는다는 기분으로 선곡하고 음미해보자. 시중에는 모차르트 음악, 바로크 음악, 전통 음악 등의 태교 음악이 많이 나와 있다. 그러나 가장 좋은 것은 임신부가 좋아하는 음악이다. 단, 시끄러운 록이나 헤비메탈은 피하고, 바람 소리나 새소리 같은 자연의 소리도 좋다. 부부가 함께 밝은 동요를 불러주면 배 속 아기와의 유대감이 깊어질 수 있다.

⋮ 아빠도 태동을 느낄 수 있으므로 아기와 태담을 시작한다

아빠는 임신으로 인해 예민해진 엄마를 정서적으로 안정시키는 일에 정성을 기울여야 한다. 임신과 출산에 대한 두려움으로 엄마의 우울증이 심해질 수 있으므로, 감정을 자극하지 말고 대화를 통해 서로의 생각과 느낌을 나누자. 태아가 성장함에 따라 엄마에게 요통이나 정맥류가 생길 수 있으므로 엄마의 가슴과 허리, 다리를 수시로 마사지해주자.

태동을 느낄 수 있으니 아기와 태담을 시작한다. 특히 태아는 저음의 아빠 목소리를 매우 좋아한다. 평소 하고 싶은 얘기를 들려주고 그림책 읽어주기, 노래 불러주기로 태아와 교감하자. 집에 들어와 "오늘 엄마랑 재미있게 지냈어?" 하고 태아에게 가볍게 말을 건네거나 회사에서 있었던 일을 다정하게 얘기하는 것도 괜찮다. 출산 준비를 위해 순산체조교실에 함께 등록하고, 정기 검진 시 엄마와 함께 병원에 가서 임신의 기쁨을 공유하면서 출산 준비를 돕자.

06

임신 6개월의
두뇌태교

⸭ 태아의 뇌 - 후각, 미각, 청각이 발달하면서 외부와 교류한다

임신 20주에는 냄새를 맡아 뇌로 전달하는 기관이 만들어진다. 냄새의 정보를 판독하는 뇌도 상당히 발달해서 태아는 항상 같이 호흡하는 엄마의 냄새를 맡을 수 있다. 임신 21주에는 입속에 성인보다 더 많은 미각 봉오리가 있어 맛에 반응하기 시작한다.

또한 임신 22주부터는 태아가 엄마의 심장 소리, 장 운동 소리, 자궁으로 가는 혈류 소리 등을 듣는다. 이때부터 귀에서 뇌를 연결하는 신경회로가 수초화하기 시작해 바깥 세계에 귀를 기울이게 되기 때문이다. 따라서 외부 소리에 더욱 민감해지면서 태동도 훨씬 활발

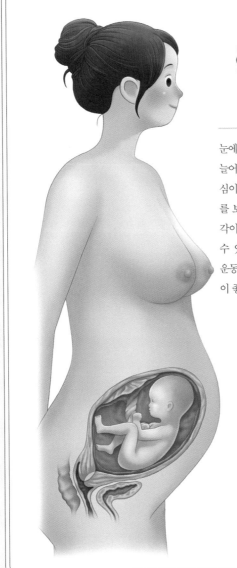

눈에 띄게 배가 나오고 체중이
늘어나 서거나 앉을 때 무게 중
심이 배로 쏠린다. 아기는 피부
를 보호하는 태지가 생기고, 청
각이 발달하여 소리에 반응할
수 있게 된다. 엄마는 가벼운
운동을 하고 마사지를 하는 것
이 좋다.

해지고 몸의 균형이 점차 잡혀간다. 또한 망막이 발달해 강한 빛을 쬐면 얼굴을 찡그리거나 울상을 짓는다.

⠿ 많은 양의 산소를 공급하는 것이 태아의 두뇌 발달에 좋다

태아는 모체를 통해 산소를 공급받기 때문에 임신부가 신선한 공기를 마셔 최대한 많은 양의 산소를 공급하는 것이 태아의 두뇌 발달에 좋다. 실내 공기는 1시간에 한 번꼴로 환기하고, 주말에는 아빠와 함께 가까운 삼림욕장에 가서 나무가 내뿜는 피톤치드와 소나무의 테레빈 향을 마음껏 마시자. 태동을 느끼기 시작하는 임신 20주가 지나면 임상적으로 자연유산의 위험에서 벗어날 수 있다. 그러나 과로나 장거리 여행, 장시간의 스포츠 등은 몸에 무리가 가므로 주의하고, 넘어지지 않도록 조심하자.

걷기를 자주 하면 분만할 때 필요한 등과 배의 근력을 강화하고 체력을 유지하는 데 도움이 된다. 또한 많이 걷다 보면 다리와 허리 통증과 부종도 사라지며 충분한 숙면을 취할 수 있다. 컨디션이 좋고 화창한 날을 택해 하루 20~30분씩 걷는다. 만일 배가 땅기거나 피로감이 심하면 즉시 중지하고 쉬도록 한다.

산책을 하면 산소 호흡량이 2~3배 늘어나 답답하거나 우울하던 기분이 상쾌해진다. 또 아기에게 풍부한 산소를 공급해 뉴런의 활

성화에도 도움이 된다. 뉴런의 활성화로 태아는 머리가 좋아질 뿐
아니라 감성이 풍부한 아기로 성장한다.

걸을 때는 적당히 배에 힘을 주고 허리와 어깨를 쫙 편 다음 고개
를 똑바로 하고 걷는다. 충격을 흡수해주는 편한 신발을 신어야 요
통을 덜 느낀다. 최대 30분 정도의 산책이 가장 적당하다. 1주일에
3~5일 산책하는 것이 적당하지만, 임신부의 몸 상태를 봐가며 조
절한다.

⋮ 소금은 적게, 칼로리는 낮게, 영양은 높게 조리하자

영양이 풍부한 식품을 선택하되, 어느 한쪽으로 치우치지 않고
골고루 먹어야 한다. 과식은 좋지 않다. 소화 기능이 떨어진 상태이
기 때문에 건강을 해칠 수 있다. 소금은 적게, 칼로리는 낮게, 영양
은 높게 조리하자.

태아는 신장 기능이 발달해 자궁 안에서 오줌을 누고, 오줌이 섞
인 양수를 다시 마시기도 하는데 다행히 이를 여과하는 기능이 있
다. 타우린과 글리코겐은 태아의 신장을 튼튼하게 한다. 타우린은
문어, 오징어, 새우 등의 어패류에 다량 함유되어 있으며, 글리코겐
은 굴, 바지락, 모시조개에 많이 들어 있다.

염분을 지나치게 섭취하면 몸이 부으니 하루에 3g 이상 섭취하지

않도록 한다. 조미 땅콩과 감자칩, 가공식품, 패스트푸드 등에는 염분이 많으므로 가능한 한 피한다. 물을 6~8컵 마시고 좋은 수분 공급원인 우유, 채소 주스, 허브차 등을 마시자. 집에서도 엽산이 풍부한 과일, 콩, 녹황색 채소, 도정하지 않은 곡물 등을 충분히 섭취해 균형 잡힌 식생활을 하자.

⋮ 불빛이 현란한 곳은 피하라

연구에 의하면, 임신부의 배에 강한 빛을 비추자 태아가 꿈틀거리며 반응을 보였다. 이것은 태아가 빛을 감지한다는 의미로, 이런 반응은 임신 6~7개월 이후 대부분의 태아에게서 나타난다. 때문에 임신부는 현란하고 강한 불빛이 있는 곳은 출입을 금해야 한다.

강한 자극이 어떤 식으로든 전해지는 곳은 갈 곳이 아니다. 특히 임신 기간에는 유흥업소 출입을 자제하는 것이 좋은데, 앞에서 말한 것처럼 임신부가 느끼는 자극을 태아도 바로 느끼기 때문이다.

후각 신경은 임신 17주에 완성되지만 태아는 임신 20주가 되어야만 생화학적 변화가 완료되면서 냄새를 맡을 수 있다. 태아의 뇌는 맛있는 음식의 냄새나 꽃향기와 같은 자연의 냄새를 좋아하고 기억할 수 있다. 엄마가 좋은 향기를 맡고 기분이 좋아지면, 엄마의 호르몬이 태반을 통해 태아의 뇌에 전해져 태아도 기분이 좋아진다.

⋮ 아름다운 그림과 음악을 통하여 아이와 교감하자

색깔이나 그림이 태아에게 직접적으로 영향을 주는 것은 아니지만, 엄마가 예쁜 그림을 보면 기분이 좋아지고 태아도 기분이 좋아진다. 엄마는 직접 그림을 그리거나 아름다운 그림책을 읽거나 갤러리 등에서 그림을 감상할 수 있다.

장차 태어날 아기의 모습을 상상하여 그림을 그려보는 것도 좋다. 아름다운 그림을 엄마가 많이 보고 접하면서 풍요로워진 엄마의 정서가 태아에게 그대로 전달될 것이다. 물론 그렇다고 익숙하지 않은 명화를 접하려고 무리하지 말자.

엄마를 통해서 여러 가지를 간접적으로 느끼는 태아의 시각은 사물을 명확하게 구별하는 것이 아니다. 그저 엄마를 통해 빛의 명암을 느끼는 것이기 때문에 색깔이 부드럽고 밝으며 희망찬 내용을 담은 풍경화가 좋다.

기분 좋은 음악은 엄마의 스트레스나 불안감을 해소해주고 마음을 평온하게 해준다. 일반적으로 편안하고 고요한 클래식이 적합한 것으로 알려졌지만 임신부가 좋아하는 취향에 따르는 것이 더 우선이다.

가곡, 가요, 국악, 민요 등 엄마의 몸과 마음이 평안해지는 음악은 모두 좋다. 태아가 좋아하는 엄마의 목소리로 직접 노래를 불러주거나 음악에 맞춰 춤을 추고 악기를 연주하는 것도 태교에는 도움이 된다.

엄마의 배를 보며 태아에게 이야기하는 것도 좋지만 그림책을 읽어주는 것도 아빠가 쉽게 실천할 수 있는 태담이다. 매일 일정한 양의 그림책을 읽어주면 아빠의 감성도 키우고 태아와의 대화도 더 자연스럽게 이루어진다. 구체적인 태명을 정해 이름을 불러주면서 대화하듯 그림책을 읽어주자. 그림책을 읽다가 일상사를 나누어도 좋고 아빠의 다짐을 이야기해주어도 좋다. 가능하면 긍정적이고 밝은 이야기를 많이 해주자.

07

임신 7개월의
두뇌태교

⋮ 태아의 뇌 - 많은 뉴런이 생성되며 대뇌 표면에 주름이 생긴다

임신 16~19주까지는 뇌세포가 성숙하지 않아서 느낄 수 없지만, 뇌세포가 조직화되기 시작하는 임신 24~26주 이후에는 태아도 오감으로 모두 느낀다. 소뇌가 크게 발달하고, 대뇌에도 표면에 주름이 생겨 전기적 활성이 나타나고, 간뇌도 기능을 발휘한다. 소리의 전도를 담당하는 속귀의 달팽이관이 완성되고, 대뇌와의 신경회로도 연결되어 태아는 외부의 소리를 또렷이 들을 수 있게 된다. 임신 7개월에 태아는 시끄러운 소리에 반응한다. 그러나 오감이 완전히 발달하려면 출생 후 초기 몇 년간의 미세 조정이 필요하다.

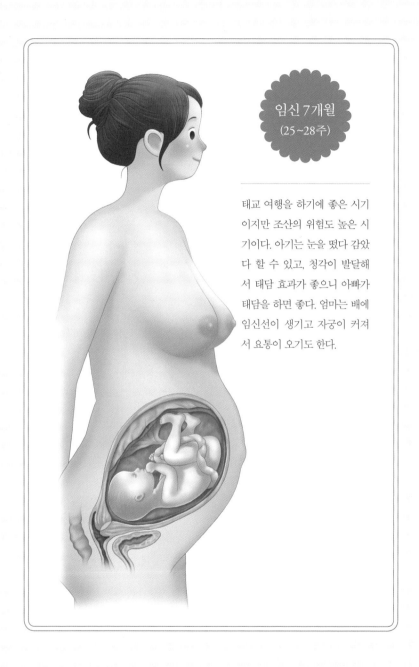

태교 여행을 하기에 좋은 시기
이지만 조산의 위험도 높은 시
기이다. 아기는 눈을 떴다 감았
다 할 수 있고, 청각이 발달해
서 태담 효과가 좋으니 아빠가
태담을 하면 좋다. 엄마는 배에
임신선이 생기고 자궁이 커져
서 요통이 오기도 한다.

망막이 발달하고, 귀로 가는 신경 연결망이 완성되며, 눈을 깜빡이기도 한다. 시각은 임신 25주에 뇌에서 명암을 느낄 수 있다. 그러나 이 시기는 시각 정보를 전기 자극의 형태로 전달하는 초보적인 방식이므로 그다지 효율적이지 않다. 임신 25주에 붙어 있던 눈꺼풀이 위아래로 나뉘며, 엄마가 보내주는 호르몬(멜라토닌)의 증감을 통해 뇌에서 명암을 느낀다.

임신 26주에는 빛을 비추면 태아가 머리를 돌리는데 이는 시신경이 발달하고 있다는 증거이다. 태아가 임신 7개월이 되면 아주 위급한 경우에 자궁 밖으로 나와도 살 수 있다. 폐가 움직여 공기를 받아들일 수 있고, 뇌줄기에서 발생한 규칙적인 리듬이 호흡을 가능하게 하므로, 자궁 밖에 나와도 살 수 있는 최소한의 요건을 갖추기 때문이다.

임신 3개월 무렵에 만들어지기 시작한 미뢰가 발달해서 임신 24~27주쯤 되면 쓴맛과 단맛까지 구별할 수 있게 된다.

⸬ 임신 7개월의 두뇌 발달을 위해 영양과 산소를 충분히 공급

임신은 일시적으로 임신부의 사고력을 저하시켜 건망증을 일으키기도 하고, 반대로 임신 호르몬이 학습 및 기억력을 담당하는 뇌 부위를 활성화해서 오히려 기억력을 좋게 해주기도 한다. 임신 7개월은 태아의 두뇌 발달이 마무리되는 시기이므로 지금까지 잘 해온 것처럼 엄마는 영양과 산소를 충분히 공급하기 위해 애써야 한다. 태아는 직접 먹지 못하지만 미각이 있고, 특히 임신 28주쯤부터는 거의 완전한 미각을 갖는다는 것도 유념해야 한다.

한 가지 예로 임신부에게 포도당을 투여하자 태아의 심장 박동 수가 증가한다. 이런 현상은 엄마가 섭취한 포도당이 자신에게 필요한 영양분이므로 태아가 이 포도당을 섭취하려고 활발히 움직인다는 사실을 보여준다. 또한 임신부는 음식을 통하여 영양뿐만 아니라 맛으로도 태아와 교감할 수 있다는 뜻이다. 삼림욕을 자주 하고 복식호흡과 명상 등으로 태아의 정서 안정을 도모하고 두뇌 발달을 돕자.

태아는 뇌세포의 조직화가 시작되는 24~26주 이후부터 오감을 느낀다. 태아의 감각은 임신부의 감각과는 차이가 있다. 오감 중에서 시각, 청각, 미각, 후각 4가지는 태아가 직접 느끼지만 촉각은 간접적으로 체험한다.

일반적으로 시각과 청각의 발달이 좀 더 빨라서 임신 6개월에, 미각과 후각은 7개월에 느낄 수 있다. 태아는 임신 27주에 뇌가 시각에 반응하며 임신 7개월 무렵이 되면 명암을 느끼게 된다. 엄마의 눈을 통해 들어온 빛이 멜라토닌이라는 호르몬을 조절하여 태아가 명암을 알게 되는 것이다. 멜라토닌은 밝은 것을 보면 줄어들고 어두운 것을 보면 늘어나는데 이것을 통해 명암을 구분할 수 있는 것이다.

임신 7개월의 태아는 외부의 빛에 반응하여 눈부신 빛을 비추면 손가락을 빨기 시작하고, 주위를 다시 어둡게 하면 손가락을 입에서 뗀다. 즉, 눈부신 빛은 태아를 불안하게 한다는 증거이므로 TV를 하루 종일 보는 것은 태아의 뇌 발달에 좋지 않다는 것을 명심하자.

⋮ 태아의 대사 활동이 활발하므로 대두 등 비타민 B군을 섭취

이 시기에는 몸무게가 계속해서 1주일에 450g 정도 증가한다. 몸무게가 급속히 늘어나는 시기이므로 체중 관리에 신경을 써야 한다. 지나치게 비만해지면 자궁 주위 근육에도 필요 이상의 지방이 붙어 출산에 어려움을 겪거나, 임신중독증, 임신성 당뇨 등의 위험도 따른다. 체중계를 옆에 두고 2~3일 간격으로 체크하자.

요리할 때 칼로리를 줄이는 조리법을 선택하자. 육류는 칼로리가 적은 쇠고기 등심이나 닭고기 가슴살 등을 주로 먹고, 지방을 제거해 요리한다. 생선을 구울 때는 석쇠를 이용해 기름이 밑으로 떨어지게 하고, 튀김 요리는 가능한 한 먹지 않는다. 임신 중에는 태아의 대사 활동이 활발하므로 대두와 녹황색 채소류 등 비타민 B군을 섭취해야 대사가 촉진되어 비만을 예방할 수 있다.

태아의 건강을 위해 비타민이 풍부한 음식을 섭취하자. 몸을 만드는 데 중요한 역할을 하는 비타민 A, 신경 발달과 혈액 세포 형성에 영향을 주는 비타민 B, 근육과 적혈구를 증가시키는 비타민 E를 충분히 섭취하자. 그러기 위해서는 임신 7개월부터 순두부 등 콩으로 된 음식을 먹자. 또한 각종 채소와 김, 미역, 새우, 흰살 생선 등이 좋다. 임신 후기에 가까워질수록 임신중독증에 주의해야 한다. 녹황색 채소, 해조류, 콩류, 오트밀, 꽁치, 고등어 등 혈압을 낮춰주는 식품과 미네랄을 많이 섭취하자. 또 염분을 지나치게 많이 섭취하면 체내 전해질 이상으로 몸이 부으니 염분 섭취를 제한하자.

⋮ 임신 7개월의 태아는 언어와 음악에 대한 기억력이 뛰어나다

태아는 임신 7개월에 기억을 관리하는 중추가 자리 잡기 때문에 그 이후의 기억은 거의 남는다고 볼 수 있다. 그러므로 부모들은 7개월 이후에는 특히 말과 행동을 조심해야 한다. 태아는 기억력 중에서도 언어와 음악에 대한 기억력이 뛰어나다. 즉, 부모의 언어 습관과 음악 감상이 중요하다는 뜻이다.

태아는 외부에서 들리는 대화 내용의 억양도 구별할 수 있다. 엄마, 아빠의 목소리를 자주 들려주면 목소리를 구분하기도 한다. 그러니 엄마나 아빠가 차분하고 부드러운 목소리로 매일 그림책을 읽어주는 걸 듣는 태아와 그런 경험이 없는 태아는 기억력에 차이가

- ○ 생상스의 '동물의 사육제 중 제7곡 수족관'
- ○ 브람스의 '비의 노래'
- ○ 드뷔시의 '교향시 바다 제2곡 파도의 유희' 등

생길 수도 있다. 부지런히 책을 읽어주며 주위의 사물과 동물 이름 등을 가르쳐주면 좋다.

　모차르트 등의 클래식과 국악은 태아의 정서를 안정시키고 자율 신경계를 조절한다. 정악 같은 우리나라 전통 궁중음악과 창작 국 악 동요들도 클래식과 마찬가지로 이상적인 파형인 F분의 1의 흔 들림을 나타낸다. 음악 감상 외에도 엄마 목소리로 동요를 불러주 거나 새소리, 물소리, 바람 소리 등 자연의 소리를 들려주어도 좋다.

　아빠도 서서히 출산에 대비해야 하는 시기이다. 앞으로 아기가 태어난 후 필요한 육아용품, 산후 조리 장소 등에도 관심을 가져야 한다. 출산이 다가오면 엄마는 출산의 고통에 대한 두려움과 불안 으로 더 초조해지기 쉽다. 이럴수록 아빠는 엄마와 많은 시간을 보 내야 한다. 불편한 곳이 없는지 수시로 관찰하면서 자연스럽게 엄 마의 불안감을 덜어주자. 임신중독증이나 부종과 같은 임신 트러블 이 생기기 쉬우므로 계획성 있게 음식을 조절하는 것도 아빠가 신 경 써야 할 부분이다.

체중 관리도 필요하므로 엄마와 함께 산책이나 걷기를 하자. 감사하고 기쁜 마음으로 아기를 만날 준비를 하는 자세도 가지는 게 중요하다. 태아와의 교감도 필요한데 차분하고 안정된 내용으로 구성된 전래동화 그림책이나 동시를 읽어주면 태아의 뇌 발달에 좋다.

08

임신 8개월의
두뇌태교

: 태아의 뇌 - 단기기억이 형성되고 소리의 강약을 구분한다

성숙한 뇌는 수많은 고랑들 때문에 굴곡이 심하고 쭈글쭈글하다. 두개골에 의해 부피가 제한되어 있더라도 뇌의 표면적이 늘어날 수 있는 것은 이 고랑들 때문이다. 고랑과 고랑 사이에 솟은 부분을 이랑이라고 하는데, 회백질로 구성된 이곳에서 주로 아기의 사고가 이루어진다.

대뇌피질의 고랑은 크기에 따라 1차, 2차, 3차로 나뉜다. 중심회처럼 전두엽과 두정엽을 구분하는 1차 고랑은 모든 사람의 뇌에서 발견된다. 하지만 2차, 3차 고랑은 개인차가 심해서 단순히 유전으

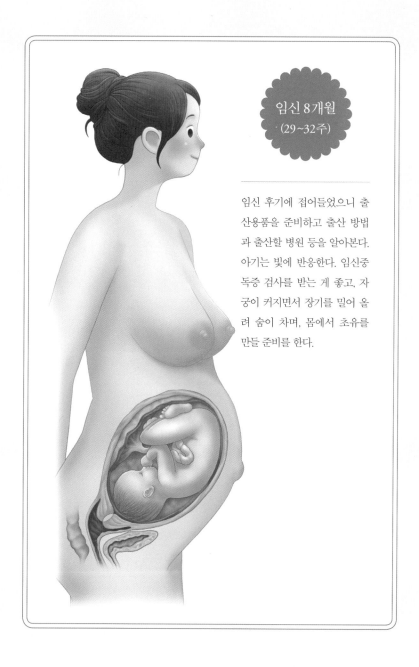

임신 후기에 접어들었으니 출산용품을 준비하고 출산 방법과 출산할 병원 등을 알아본다. 아기는 빛에 반응한다. 임신중독증 검사를 받는 게 좋고, 자궁이 커지면서 장기를 밀어 올려 숨이 차며, 몸에서 초유를 만들 준비를 한다.

로 결정되지는 않는다. 1차 고랑은 좌우 뇌의 안쪽 면에 임신 22주 무렵에 처음 나타나고, 임신 30주가 되면 뚜렷하게 보인다. 3차 고랑은 임신 마지막 달이 되어도 형성되지 않으며, 심지어 생후 12개월이 되어도 안 보일 수 있다.

임신 29주에 눈동자가 완성되고 초점 맞추는 연습을 시작하며, 엄마가 기뻐하고 슬퍼하는 등의 감정 변화도 알아차린다. 또한 일부 단기기억이 형성되어 수 분에서 수 시간 동안 단순한 정보를 기억할 수 있다. 그렇다고 그 의미를 기억하는 것은 아니다.

태아는 빛과 같은 외부 환경에 직접적인 영향을 받기도 하지만, 자궁 속 아기의 환경은 곧 엄마의 자궁 안이므로 엄마의 눈을 통해 받아들여진 좋은 느낌이 엄마의 뇌로 전달되었다가 다시 아기의 뇌로 전달되는 간접적인 영향도 많이 받는다.

⋮ 엄마 목소리의 강약에 따라 엄마의 기분을 알아챈다

심한 스트레스는 태아의 뇌에 부정적 영향을 미친다. 또한 소리의 강약을 구분하는 능력이 생겨 엄마 목소리의 강약에 따라 엄마의 기분을 알아챈다. 그러므로 엄마가 즐겁고 행복하면 그에 맞춰 아이도 편안하게 논다. 태어날 아기의 방과 잠자리를 조금씩 준비하고 어떻게 꾸밀지 계획을 세운다. 세상에 태어날 아기를 생각하며 헝겊으로 모빌, 턱받이, 아기 신발 등을 만들어보는 것도 좋다.

엄마는 적절한 식사, 휴식, 가벼운 운동을 통하여 생활 리듬을 유지하자. 적절한 호흡 운동과 함께 긴장을 완화할 수 있는 운동은 세로토닌을 높여 엄마와 태아에게 모두 도움이 된다. 질 근육 강화 운동은 출산에 도움이 된다. 임신부 교실에 참여하거나 인터넷 육아 사이트 등을 둘러보면 순산을 위한 체조나 요가 정보를 얻을 수 있다.

하루에 10~30분씩 체조를 하자. 물론 정맥을 압박하여 혈액 순환을 어렵게 만드는 운동은 삼간다. 상체가 비대하고 하체가 약하므로 욕실과 계단을 조심하고, 무리한 성생활이나 배를 압박하는 자세도 피한다. 임신 후기에는 태아의 배설물까지 엄마 몸을 통해서 나가므로 분비물이 많아지니 잦은 목욕으로 청결을 유지하는 것도 필요하다. 잠잘 때는 옆으로 눕는 심즈 체위가 편하다.

⦂ 음식은 조금씩 자주 먹고, 걷기로 산소를 충분히 공급

음식은 조금씩 자주 먹고, 영양가가 높은 식품이라도 싫으면 억지로 먹지 않는다. 두뇌 발달을 돕는 아연, 칼륨의 섭취를 늘리자. 아연은 굴, 모시조개, 대합 같은 어패류와 현미, 달걀 등에 많다. 칼륨은 양배추, 쇠고기, 콩 등에 많이 함유되어 있다. 고혈압 등 임신 중독증을 예방하기 위해 두부 등의 콩류를 챙겨 먹고 수분을 충분히 섭취하자.

콩에는 나토키나제라는 물질이 있어 혈액 순환을 원활하게 하고 혈압을 안정시킨다. 임신부는 밤에 잘 때 땀을 많이 흘려 체내 수분을 잃기 쉽다. 체내에 수분이 부족하면 임신중독증의 위험이 높아지므로 아침부터 물을 마시는 습관을 기르자. 매실과 굴 등을 섭취해 소화를 돕고, 미나리와 같은 신선한 채소와 생선의 섭취량을 늘리자.

임신 중에 가장 좋다고 알려진 운동은 누구이 강조하지만 걷기이다. 충격을 완화시켜주는 좋은 신발을 신고 걸으면 엄마의 기분 전환은 물론 과체중을 예방할 수 있다. 엄마의 꾸준한 걷기 운동은 허리와 다리의 근육을 강하게 해주며 태아의 두뇌 발달에도 좋다. 엄마가 걸으면서 마시는 산소가 태아에게도 전해져 아기의 뇌세포 생성에 도움을 주기 때문이다. 설혹 몸이 무거워 오래 걷는 것이 힘들다면 집 주변을 조금씩 걸어보자.

한편 집 주변이 아닌 자연 속을 걸을 수 있다면 더 좋다. 자연 속을 걸으면 최적의 유산소 운동이 되고 임신부의 폐활량이 증가하며, 체내 산소의 공급과 배출을 원활하게 하고 태아의 심장을 튼튼하게 만들어준다. 걸으면서 아름다운 자연의 풍광을 눈에 담고 새소리, 물소리 등 자연의 소리를 귀에 담아 태아에게 들려주면 인지력 발달에도 큰 효과가 있다.

: 아빠의 스킨십은 태아와 엄마의 마음을 안정시킨다

태아는 엄마 목소리의 강약에 따라 엄마의 기분을 알 수 있고, 가족의 목소리를 구분해 서로 다른 반응을 보인다. 따라서 그림책을 읽어줄 때도 생생한 느낌을 살려 읽는 것이 좋다. 엄마가 보고 듣고 느끼는 것이 모두 태아에게 전달되므로 엄마는 태아의 정서 안정을 위해 노력하자.

임신 8개월의 태아가 가장 좋아하는 소리는 엄마의 부드러운 목소리이다. 또 아름다운 음악이나 새소리, 벌레 소리와 같은 자연의 소리가 들려오면 엄마는 움직이던 것을 멈추고 조용히 감상하자. 외부에 대한 반응도 빨라져서, 엄마가 배를 두드리면 태아는 두드리는 곳을 발로 차서 반응을 보인다. 물 흐르는 소리, 지저귀는 새소리, 바람 소리 등 자연의 소리를 위주로 한 명상 음악은 알파파 상태가 되어 엄마와 태아 모두 정서적인 안정을 찾는 데 효과가 있

이런 음악이 좋아요

○ 차이콥스키의 '호두까기 인형'
○ 생상스의 '백조'
○ 가야금 산조
○ 대금 산조

다. 다양한 악기를 사용한 곡은 좋지만 음이 지나치게 높거나 낮은 곡, 박자가 너무 빠른 곡, 음색이 슬프거나 어두운 곡은 피하는 게 좋다.

자궁과 양수, 아기의 무게가 합하면 10kg에 달하기 때문에 임신부의 허리뼈는 약간 휘어져 있다. 조금만 움직여도 허리가 아플 수 있으므로, 아빠가 마사지를 해주면 좋다. 집안일도 아빠가 하도록 하자. 엄마는 사소한 것도 잘 잊어버리고 행동이 굼뜨고 신경이 날카롭기 때문에 아빠의 심리적인 배려가 필요하다.

태아와 직접적인 신체 접촉을 하지 못하지만 간접적으로나마 아기와의 접촉을 시도하자. 아빠가 엄마의 배를 쓰다듬어주는 것은 태아뿐만 아니라 임신부의 마음을 안정시키는 데 도움이 된다. 물론 자궁 수축이 올 정도로 너무 심하게 쓰다듬으면 안 된다.

09

임신 9개월의
두뇌태교

⦂ 태아의 뇌 - 감각 체계가 완성되어 맛을 느끼고 빛에 반응한다

태아는 피하지방이 많아져 포동포동한 몸이 되고, 피부를 보호해 주는 하얀 태지도 더욱 두꺼워진다. 발육이 거의 다 된 상태로, 상대적으로 움직일 공간이 좁아져 움직임이 둔해지지만, 외부 자극에 대해서는 더욱 예민하게 반응한다. 초음파로 보면 웃는 모습, 화내는 모습, 찡그리는 모습 등 다양한 표정을 짓는다. 엄마가 먹지 않아 저혈당이 오면 태아도 배고픔을 느껴 손가락을 쪽쪽 빠는 등의 행동을 보인다. 이미 모든 장기와 신체 기능이 발달되어 이때 자궁 밖으로 나와도 생존 가능성이 높다.

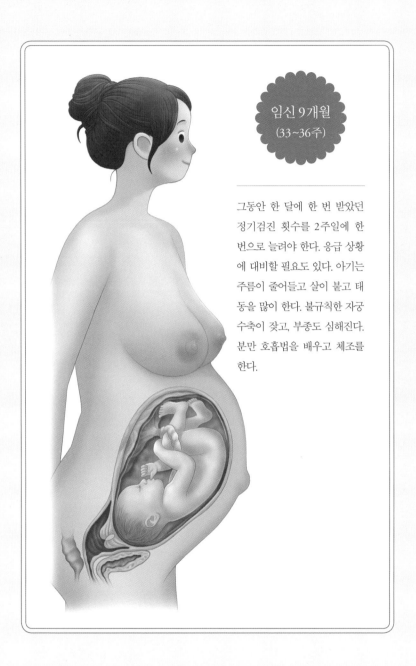

그동안 한 달에 한 번 받았던 정기검진 횟수를 2주일에 한 번으로 늘려야 한다. 응급 상황에 대비할 필요도 있다. 아기는 주름이 줄어들고 살이 붙고 태동을 많이 한다. 불규칙한 자궁 수축이 잦고, 부종도 심해진다. 분만 호흡법을 배우고 체조를 한다.

감각 체계도 완성되어 맛을 느끼고 입맛을 다시며, 빛이 너무 밝으면 고개를 돌린다. 사물을 보기 위해 눈을 떠 초점을 맞추거나 눈을 깜빡이기도 한다. 무리하지 않는 범위 안에서 다양한 체험으로 태아의 두뇌를 자극하는 것이 좋다. 태아가 혼자 빙그레 웃는 표정을 짓는 배냇짓이 나타나는 등 감정이 풍부해진다. 태아의 감정이 더 풍부해질 수 있도록 엄마는 행복한 생각만 하면서 출산을 준비하자. 임신 9개월에 태아에 대한 뇌파 검사를 하면 렘(REM)수면이 나오는데 이때 태아는 꿈을 꾼다.

⠸ 아이의 감정이 풍부해지므로 엄마는 행복한 생각을 하자

태아는 복잡한 감정을 무의식적으로 기억할 수 있다. 또한 감정이 풍부해져 웃고 우는 등 다양한 표정을 짓는다. 엄마가 놀라거나 흥분하면 태아의 수면에 방해가 되므로 가능한 한 마음 편히 지내도록 노력하자. 엄마는 임신과 출산으로 인한 여러 가지 환경의 변화에 적응하는 과정에서 건망증도 많아지고 우울해질 수 있다. 스트레스를 줄이고 즐겁고 행복한 생각을 하자.

자궁이 명치끝까지 올라와 소화가 안 되고 속이 울렁거리는 등의 증상이 나타난다. 부드러운 음식을 조금씩 나누어 먹자. 밥이나 빵 같은 탄수화물보다는 흰살 생선, 채소, 해조류 등 저칼로리에 무기질과 미량 원소가 많이 들어 있는 음식을 먹는 것이 좋다. 태아의 건강과 성장을 위해 비타민과 미네랄을 많이 섭취하고, 모유 수유를 계획하고 있다면 영양 섭취에 더욱 신경 써야 한다. 녹황색 채소를 100g씩 섭취하여 비타민 B군을 보충하면 통증을 줄이는 데 효과가 있다.

배가 뭉치면 바로 누워 휴식을 취하면서 심호흡을 하자. 누울 때는 무릎 아래 쿠션을 대고 허리를 편안하게 한다. 자리에 누웠다가 일어날 때는 천천히 옆으로 일어나고, 양손으로 지탱하면서 상체를 일으키자. 태아의 머리와 늘어난 자궁으로 골반 통증이 심하다. 회음부 압박과 빈뇨 등이 나타나면 케겔 운동과 골반 조이기 운동이 도움이 된다. 정맥류가 있을 때는 다리 올리기 운동을 하여 발과 다리의 피로를 풀어주도록 한다.

: 태아는 부모의 목소리는 물론 자신을 쓰다듬는 감촉도 느낀다

출산과 관련한 그림책을 읽으며 출산에 대한 두려움을 없애고 마음의 안정을 찾자. 피부는 뇌와 풍부한 신경회로로 연결돼 서로 정보를 주고받는 까닭에, 피부에 가해지는 아주 약한 자극도 뇌에 잘 전달된다.

스킨십은 태어난 아기의 정서 발달과 인격 형성에 아주 중요한 역할을 한다. 비록 간접적인 접촉이기는 하지만 배를 가끔 사랑스럽게 쓰다듬는 것이 좋다. 태아는 오감이 이미 작용하고 있는 시기이므로 부모의 목소리는 물론 자신을 쓰다듬는 감촉도 느낄 수 있다.

곧 만날 아기의 모습을 상상하며 차분한 마음으로 안정된 마음 상태를 유지하도록 하자. 임신 초기부터 읽어온 그림책에 리듬을 살려 읽어본다. 의성어, 의태어와 같은 소리를 실제 소리처럼 리듬감 있게 들려주거나 몸으로도 표현해보기도 하자. 태아만을 위한 태교라고 생각하지 말고 엄마 스스로도 즐거운 시간이 되도록 한다.

엄마와 아빠가 이야기를 창작해보는 것도 좋다. 간단한 줄거리로 아름다운 이야기를 만들고 그림도 그려보자. 그림책을 만드는 과정에서 출산의 두려움을 줄이고 기분을 전환할 수 있다.

아빠는 엄마를 따뜻한 말로 다독여주고 자신감을 갖도록 도와준다. 분만이 다가오면 출산에 대한 불안감으로 수면이 불규칙한 임신부가 많다. 이럴 때는 혼자서 초조해하고 불안에 떨지 말고 남편과 함께 불안감을 해소하는 게 좋다.

태아는 저음의 아빠 목소리를 좋아한다. 태아에게 아빠와 엄마가 얼마나 기다리고 있는지 이야기하고 바깥세상의 풍경들을 이야기해주어, 자궁 밖으로 나올 준비를 하고 있는 태아를 안심시킨다.

10

임신 10개월의
두뇌태교

: **태아의 뇌 - 머리를 골반에 두고 바깥으로 나올 준비를 한다**

평상시 자궁의 크기는 7ml에서 10ml 정도이다. 그러나 임신 말기에는 태아의 체중이 약 3,500g, 태반의 무게가 약 500~1,000g, 양수의 용량은 약 500~1,000ml이다. 이 3가지만 더해도 자궁의 크기는 약 5,000ml가 넘는다. 임신 36주에는 태아의 내장 기능이 원활해지고, 근육도 제법 발달한다. 까만 머리카락이 2~3cm로 자라고, 손톱과 발톱은 하얀 속살을 완전히 덮을 만큼 길어진다. 태아는 이 시기에 태반을 통해 모체에서 여러 가지 항체를 받아 감염에 대한 저항력이 강해지므로, 37주 이후가 되면 언제 태어나도 문제없

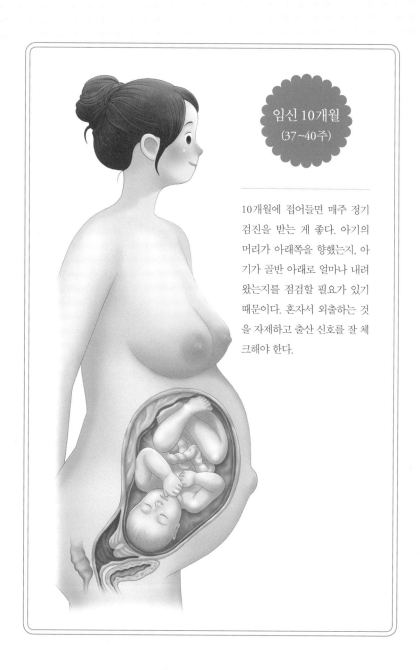

10개월에 접어들면 매주 정기 검진을 받는 게 좋다. 아기의 머리가 아래쪽을 향했는지, 아기가 골반 아래로 얼마나 내려왔는지를 점검할 필요가 있기 때문이다. 혼자서 외출하는 것을 자제하고 출산 신호를 잘 체크해야 한다.

는 상태가 된다. 마지막 한 달 동안 태아의 배내털은 거의 다 빠지고 어깨나 팔다리 또는 몸의 주름진 곳에만 조금 남아 있다. 몸에는 살이 통통하게 올라 피부에 잔주름이 없어지고 윤기가 난다.

40분 주기로 잠자고 깨는 생체 리듬이 생긴다. 임신 마지막 주가 되면 자궁 속에 갇혀 있는 상태가 되며, 자신의 몸을 작게 오므린 상태에서 분만을 기다린다. 아기는 본능적으로 세상 밖으로 나가야 될 때가 되었다는 사실을 알고 있다. 툭툭 차대던 발길질도 멈추고 몸을 작게 오므린 다음 머리를 아래쪽의 골반에 두고 나올 준비를 한다. 예정일보다 빠른 출산의 4분의 3이 임신 후기인 34주 차에서 37주 차 사이에 발생한다. 이 시기에 태어난 아이들 가운데 20%는 만성적으로 심각한 행동 장애를 보이며, ADHD의 발병 위험도 만삭아보다 80%가량 높다.

임신 말기에 시작된 뇌의 급격한 성장은 생후 18개월이 될 때까지 계속된다. 이때 시냅스와 수초의 형성은 특정한 영양분에 의해 촉진된다.

⋮ 임신부는 몸의 변화와 출산 신호에 유의해야 한다

임신부의 몸은 본격적인 출산 준비에 들어가므로 몸에서 느껴지는 변화와 출산 신호에 유의해야 한다. 예정일 2주일 전후를 정상

분만이라고 하는데, 출산 신호가 오면 당황하지 말고 병원으로 간다. 혼자 외출하는 것을 삼가고, 외출할 경우에는 행선지를 알리고 산모 수첩, 건강보험증, 신분증을 지참한다. 언제라도 입원할 수 있도록 몸을 청결하게 유지하고, 입원 용품과 연락처, 교통편을 마련해둔다.

임신 후기의 부부 관계는 파수, 감염, 조산의 원인이 될 수 있다. 특히 자궁질부에 염증이 있으면 출혈에 따른 감염이 우려되므로, 임신 10개월에 들어서면 부부 관계를 피해야 한다. 첫째 아이가 있는 경우에는 아이가 엄마와 아빠의 사랑을 느낄 수 있도록 배려해야 한다. 첫째 아이는 동생을 낳는 동안 엄마와 떨어져 있어야 하고, 갑자기 어린 아기에게 엄마, 아빠를 빼앗기는 기분도 든다. 따라서 출산 전에 첫째 아이에게 충분히 사랑을 전해 아이를 안심시킨다. 또 산후 조리할 때도 가능하면 첫째 아이와 함께 지내도록 한다.

아기와 만날 날이 머지않았다. 흥분과 설레는 마음을 누르고 아기와 만날 날을 기다리며 아기에게 편지를 써보자. 임신을 확인한 순간의 기쁨, 임신 기간 중 엄마가 느낀 많은 것들, 아기에 대한 기대감 등 엄마가 하고 싶은 말을 차분히 정리해 아기에게 전하는 것은 임신 막바지에 엄마 마음을 정리할 수 있는 좋은 방법이다.

태아는 완전한 인간으로 세상에 태어날 준비를 하고 엄마의 자궁을 떠날 시간을 기다리고 있다. 태아의 감정과 반사신경은 그 어느 때보다 민감하므로 만남을 기대한다는 말을 자주 해주는 것이 좋다. 또한 출산에 대한 두려움을 가라앉히는 것이 가장 중요하다. 분만에 대한 공포가 가라앉을 수 있게 좋은 생각을 하고 명상을 하는 것도 도움이 된다.

: 모유 수유를 계획하고 있다면 균형 잡힌 식단을 짜자

출산 직전까지 식생활에 신경을 쓰고 방광 기능을 강화해주는 음식을 먹는다. 다시마와 익모초가 방광 강화에 도움을 준다. 비빔밥처럼 한 그릇에 밥, 채소, 육류가 고루 들어 있는 음식이 좋다. 햄버거나 프라이드치킨, 피자 등은 동물성 단백질의 공급원이 되지만 일반적으로 칼로리가 많고 짠 편이어서 염분 섭취가 많아질 수 있으므로 피하는 것이 좋다.

모유를 먹이는 엄마는 모유에만 하루 425~700Kcal를 소모한다. 또한 하루 2L 이상의 수분을 섭취하고 돼지고기, 달걀노른자 같은 단백질과 칼슘을 충분히 섭취해야 한다. 모유를 먹이면 비타민 C도 신생아에게 빼앗기게 되므로, 출산 후 모유를 먹이려면 출산 전부터 미리 비타민 C를 평소보다 40mg 정도 더 늘려 섭취해야 한다. 연구에 의하면, 만삭의 임신부는 혈중 비타민 C가 평상시의 3분의 1 정도이다. 이는 엄마의 비타민 C가 태아에게 많이 이동하고 있다는 증거이므로, 임신 중에는 비타민 C의 섭취를 늘려야 한다.

모유 수유를 계획하고 있다면 임신 기간 전반에 걸쳐 균형 잡힌 식생활을 하는 것이 중요하다. 힘을 키운다면서 고단백 음식만 먹을 것이 아니라 비타민 C, 엽산, 비타민 B12, 비타민 E 등도 충분히 섭취해야 한다. 특히 비타민 E는 출산 전 임신부의 산소 공급을 돕고 근육의 경직을 완화해주어 순산에 도움을 준다. 위장 장애를 일으키는 식품, 자극성이 강한 음식을 피한다.

⦙ 출산을 앞두고 분만을 위한 호흡법을 익히자

마지막 주가 되면 분만을 위한 호흡법을 익혀두는 것이 좋다. 느린 진통과 빠른 진통에 대비한 라마즈 호흡법으로 분만 준비를 하고, 대퇴부 안쪽 근육의 스트레칭 운동을 통하여 분만을 수월하게 할 수 있도록 한다. 움직일 수 있는 한 적극적으로 움직이는 것이 순산에 도움을 준다.

산전 체조를 하거나 걷기 운동을 한다. 질 근육을 강화하는 케겔 운동, 복부 근육을 긴장, 이완시키는 복부 운동, 혈액 순환을 돕고 부기와 경기를 막아주는 다리 운동 등을 한다. 또 가벼운 스트레칭은 인대와 관절 주위 근육을 강화해주는 효과가 있다.

임신부의 몸에서는 아기가 산도를 쉽게 통과할 수 있도록 릴랙신(relaxin)이라는 호르몬이 분비된다. 릴랙신이 분비되면 치골 결합부가 느슨해지고 태아 머리가 이 부위를 압박하며 통증이 느껴진다.

1. 허벅지를 벌리고 쭈그리고 앉아 엉덩이를 아래로 내린 자세:
   최대한 골반을 많이 벌어지게 하며, 중력이 작용하여 출산의 진행을 촉진한다.

2. 책상다리를 하고 앉거나 쭈그리고 앉는 자세:
   골반이나 자궁구가 잘 벌어지도록 도와준다.

3. 걷기를 할 때나 서 있을 때:
   아이가 내려오기 좋기 때문에 출산이 빨리 진행되고 허리의 통증도 완화해
   준다.

4. 무릎을 바닥에 붙이고 머리를 낮게 한 자세:
   자궁에 가해지는 압력을 줄이고 통증을 완화하며 배에 힘이 들어가는 것을
   막는다.

5. 임신 막달에서 등에서 허리까지의 통증이 심할 때:
   허리를 돌리거나 흔들어주면 통증이 가라앉는다. 통증부위를 마사지 해주는
   것도 좋다.

6. 진통 중 휴식을 할 때:
   몸이 최대한 바닥에 많이 닿도록 해서 지탱하는 힘을 가능한 한 줄이는 것이 좋다.

치골 통증이 느껴질 때에는 따뜻한 물에 몸을 담그거나 오래 앉아 있는다. 또 양손과 무릎을 바닥에 대고 일명 고양이 자세를 자주 취하면 통증 완화에 도움이 된다. 대퇴 안쪽 근육의 스트레칭은 분만을 수월하게 도와준다.

복부에 통증이 느껴질 때는 바로 휴식을 취한다. 똑바로 누워서 하는 동작은 3~5회 반복 후 몸을 옆으로 돌려 눕는다. 무리한 자세는 백해무익이므로 몸을 소중하게 대해야 한다.

⦂ 아빠는 엄마의 분만에 동참하는 게 바람직하다

출산을 할 때 남편이 곁에 있으면 든든할 것이다. 요즘은 가족이 모두 분만에 참여할 수 있는 가족분만실도 있다. 그러나 사람에 따라 출산 장면을 보고 크게 충격을 받는 남편도 있으므로, 미리 출산 과정에 관한 책이나 비디오를 보고 분만에 동참할 것인지 아닌지를 결정하는 게 좋다.

이 시기의 임신부는 언제라도 병원에 갈 준비를 하고 있어야 한다. 임신부가 집에 혼자 있다면 혹시 혼자 있을 때 진통이 오는 게 아닌가 하는 불안에 떨 수 있으므로, 최대한 아내 곁에서 불안을 덜어주고 수시로 전화해서 아내의 상태를 체크하도록 한다.

그네에 앉고, 노래를 부르고, 공 위에 올라가는 등 여러 가지 새로운 분만 방법들이 소개되고 있지만, 중요한 것은 그런 방법이 아니라 많은 사람들이 함께 임신부와 통증을 나누고 출산의 순간을 기뻐할 수 있는 환경과 분위기의 변화라 할 것이다. 분만에 동참하기로 한 임신부의 남편이라면 다음의 것을 챙겨보자. 분만실에 남편이 들어갈 수 있는지, 가능하다면 분만실 조명의 밝기를 낮춰줄 수 있는지, 최대한 자연분만을 유도할 것인지 등을 꼼꼼하게 알아보는 것이다.

분만에 동참한 아빠라면 그 아빠가 기쁘게 분만에 참가하는 순간이 아빠 태교의 끝이다.

태아와 그림책 읽어주기에 대한 연구에서 임신 8개월 임신부들에게 동시 한 편을 4주 동안 매일 3번씩 읽게 하고, 4주 후 태아에게 엄마의 익숙한 목소리 대신 성우가 읽은 동시를 녹음해서 들려주었다. 총 2번에 걸쳐 진행됐는데, 처음에는 엄마가 읽어준 것과 같은 동시를, 두 번째는 처음 듣는 동시를 들려주었다. 태아의 반응은 심박동을 통해 측정했다.

엄마가 읽어주었던 동시를 들을 때는 심박 수가 내려갔고, 낯선 동시를 들을 때는 올라갔다. 사람은 편안한 상태에서 심박 수가 내려간다. 놀라운 것은 태아가 엄마와 낯선 언어의 패턴을 구별한다는 사실이다. 이 실험은 엄마가 진행했을 때도 동일한 결과가 나왔다.

태아는 단어를 이해하지 못한다. 태아가 알아듣는다고 여길 수 있는 것은, 어떤 리듬의 반복 같은 것이다. 곧 운율이나 소리를 내는 목소리의 고저를 알아듣는다고 봐야 한다. 단 이것이 태아가 계속해서 기억하는 패턴이고, 이 패턴을 통해 태아가 익숙한 것과 낯선 것을 구분한다는 사실에 유념할 필요가 있다.

미국 노스캐롤라이나 대학교 앤서니 드캐스퍼(Anthony Decasper)와 멜라니 스펜스(Melanie Spence) 교수는 임신 9개월 임신부들에게 하루에 2번씩 닥터 수스의 《모자 쓴 고양이》라는 그림책을 소리 내어 읽어주도록 했다. 그리고 아기들이 태어나고 며칠 후 엄마가 읽어줬던 그림책과 이 작가의 다른 동화책을 읽어주고 어떤 책에 호감을 느끼는지 테스트해보았다.

연구팀은 아기들이 젖병을 빠는 속도를 조절해가면서 아기가 어떤 그림책을 더 선호하는지 파악하고 그 선택을 아기에게 하도록 두었다. 그러자 아기들의 반응이 나타났다. 아기 12명 중 10명이 엄마가 읽어주었던 친숙한 이야기를 듣기 위해 젖꼭지 빠는 속도를 바꿨기 때문이다. 또한 아기들은 다른 사람이 읽어주는 것보다 엄마의 목소리를 더 좋아하는 것으로 관찰되었다. 태아에게 그림책을 읽어주어야 할 이유가 여기에 있다.

임신부가 꼭 알아야 할 Q&A

Q 임신 중 뜨거운 사우나와 목욕탕에서의 목욕은 괜찮을까요?

A 임신 중에는 사우나, 목욕탕에서의 목욕, 온천욕 등을 권장하지 않아요. 목욕으로 임신부의 체내 온도가 38.9℃ 이상 올라가면 배 속의 태아에게 중추신경계 이상, 식도 폐쇄증, 배꼽 탈장이 나타날 수도 있기 때문이지요.

Q 임신 중 커피 한 잔은 괜찮을까요?

A 네, 괜찮아요. 미국 식품의약국(FDA) 임신부 카페인 섭취 권고는 하루 200mg입니다. 한 잔을 기준으로 원두커피는 135mg, 인스턴트 커피 100mg, 녹차 30mg, 콜라 40mg의 카페인이 들어 있으므로, 하루 1잔의 원두커피는 태아에게 영향을 끼치지 않습니다.

Q 임신 중 맥주 한 잔은 괜찮을까요?

A 절대로 마시면 안 돼요. 술은 태아에게 안전한 양이라는 게 없답니다. 술은 태아의 중추신경계 손상을 가져와 지능 저하뿐 아니라 청소년기의 학습 장애, ADHD 등 태아알코올스펙트럼 장애를 유발할 수 있습니다.

Q 임신 중에 피부가려움증이 발생했는데 참아야만 하나요?

A 임신 중의 피부가려움증은 흔한 증상으로 주로 복부, 허벅지, 엉덩이, 팔 등에 나타나지요. 피부 건조를 방지하려면 실내 습도를 조절하고 카페인, 매운 음식 등을 피하는 게 좋아요. 보습크림이나 멘톨이 포함된 로션을 바르고, 심할 경우에는 클로로페닐아민 같은 항히스타민제나 국소용 코르티코스테로이드로 약물 치료를 해야 합니다.

Q 임신 중 허리 통증에 파스를 붙여도 되나요?

A 우리가 흔히 사용하는 파스에는 소염진통제인 케토프로펜이 들어 있어 태아에게 동맥관 폐쇄를 유발할 수 있어요. 따라서 임신 28주 이후에는 사용을 절대 금합니다. 충분한 휴식을 취하고 옆으로 누워 자거나, 베개를 다리 밑에 두고 자거나, 너무 뜨겁지 않은 수건으로 찜질을 하는 게 좋아요.

Q 비행기 탑승을 위해 검색대를 통과해야 하는데 태아에게 영향은 없을까요?

A 공항의 승객용 검색대는 X-ray가 아닌 금속 탐지기예요. 이 금속 탐지기에서 발생하는 저주파 전자기장은 가전제품에서 발생하는 것과 비슷하며 태아에게 안전합니다. 또 공항에서 수하물 검색을 위해 사용하는 X-ray의 방사선 노출량은 흉부 X-ray의 1,000분의 1이므로 안심해도 된답니다.

Q 임신 초기인데 파마, 염색은 언제 하면 되나요?

A 파마나 염색약이 임신부에게 흡수되는 양은 아주 소량이며, 여러 연구에서 태아 기형을 증가시키지는 않는다고 보고되어 있어요. 하지만 태아의 기관이 모두 형성된 임신 12주 이후에 하는 것이 더욱 안전하지요.

Q 임신 중의 치과 치료는 어떻게 할까요?

A 임신 중이라도 치과 치료를 받을 수 있는 가장 편한 시기는 임신 12주부터 26주 이내랍니다. 하지만 임신 12주 이전이나 26주 이후라도 반드시 치료가 필요한 경우에는 받아야 합니다. 다만 임플란트나 발치는 12~26주에 하는 것이 가장 이상적입니다. 임신 중의 치과 치료는 유산이나 조산, 저체중아 출산과는 관계가 없고, 치료에 따른 마취, 방사선 촬영 등도 태아에게 끼치는 영향은 거의 없어요.

Q 임신 중에 전기장판을 써도 되나요?

A 전기장판을 사용하면 임신부에게 40도 이상의 고온이 전달되는데, 지속적으로 고온에 노출되면 태아에게 신경관결손증과 같은 중추신경계 기형을 유발할 수 있어요. 그럼에도 전기장판을 군이 사용해야 한다면 매트리스를 두껍게 해서 열이 임신부에게 직접 전달되지 않도록 해야 합니다.

: 반려동물과 우리 아기 :

반려동물을 아기와 같이 키우면 아기의 정서 발달에 좋은 영향을 준다. 반려동물을 키우면 아기가 정서적으로 안정을 느끼고 또 생명에 대한 소중함도 느끼기 때문이다. 특히 2~3세 이상 아이들은 반려동물과 함께 지내면서 동물을 배려하고 돌봐주는 경험을 통해 사회성을 키울 수 있다.

그러나 만약에 발생할 수 있는 위험에 대해서도 주의를 기울여야 한다. 아기가 신생아일 때는 반려동물과 아기가 접촉하지 못하도록 제어하는 것이 어렵지 않지만, 아기가 기어 다니고 걷기 시작하면 반려동물과의 접촉을 막기가 힘들어진다.

아기가 혼자 움직이기 전까지는 아기 방에 안전문을 반드시 설치해 반려동물의 출입을 금하는 게 좋다. 또한 반려동물과 아기를 같은 침대에 자게 하는 것은 금물이다.

애초부터 반려동물을 키우던 집인 경우, 아기를 낳아 처음 집에 데려오면 키우던 반려동물은 아기에게 호기심을 갖는 동시에 질투를 느낄 가능성이 높다. 평소 착하게 굴던 반려동물이라도 예상 밖의 행동을 보일 수 있다는 점을 염두에 두어야 한다.

그러니 아기를 집에 데려온 후에도 반려동물을 계속 기를 계획이라면 아기는 물론 반려동물에게도 특별히 신경을 써서 여전히 사랑받고 있다는 것을 느끼게 해주어야 한다.

일반적으로 개와 달리 고양이는 질투를 하지 않는다. 그러나 아늑해 보이는 아기 침대에 큰 관심을 가질 수 있으니 유의해야 한다. 또한 개는 아기와 함께 있을 때 항상 주의 깊게 지켜봐야 한다. 아주 순한 개들도 컨디션에 따라 공격적으로 변할 수 있고, 아무리 믿음직한 개라도 아기가 꼬리를 잡아당기거나 눈을 찌르면 인내심을 잃고 돌변할 수 있다는 점에 유념해야 한다. 언제나 동물은 동물이라는 점을 기억해야 한다.

어린 아기들이 개나 고양이에게 물리는 사고는 비교적 흔히 일어난다. 아기들이 무의식적으로 자극하기 때문에 물리는 경우가 많은데, 대부분 가볍게 물리지만 사전에 주의를 기울여 이런 상황을 예방하는 것이 가장 중요하다.

마당에 개를 풀어놓고 기르는 경우에는 아기가 밖에서 놀기 전에 개의 배설물을 깨끗이 치워야 한다. 아기를 낳기 전에 미리 반려동물을 수의사에게 데려가 기생충 예방약을 비롯해 각종 예방 접종을 빠짐없이 하는 것도 필수이다. 또한 반려동물 기생충 약이나 기타 약제는 중독사고 예방을 위해 아기의 손이 닿지 않는 곳에 보관하도록 한다.

아이를 위해 특별히 반려동물을 기를 생각이라면 집 안에서 항상 같이 있어야 하는 동물은 피하는 것이 좋다. 특히 아기가 아토피나 천식을 앓고 있는 경우에 털이 빠지는 동물을 기르면 치료가 잘 되지 않는다. 마당에서 반려동물을 기르는 경우에도 아기가 반려동물을 만질 때에 대비해서 어른의 감시하에 잠시만 함께 놀게 하는 것이 좋다. 아기가 동물을 존중해야 한다는 사실을 이해할 정도로 자랐을 때 개나 고양이를 기르는 것이 가장 좋다.

: 임신 중에 운전은 괜찮을까요? :

임신부가 신체적으로 부담을 느끼지 않는다면 운전은 가능하다. 하지만 마음과 달리 몸이 따라주지 않을 수 있으므로 조심해야 한다. 임신 중에는 반사신경이 둔해져서 돌발 사태에 즉각 대처하는 능력이 떨어지기 때문이다. 또한 운전에 익숙한 임신부라도 잘 포장된 도로에서 1~2시간 이내로 운전하는 것이 좋다. 오랜 운전은 피하고 2시간에 한 번쯤 쉬면 더 좋다.

32주 이후에는 운전하지 않는다.
임신 32주가 넘으면 배가 많이 불러 핸들 조작이 불편하고 운전석에 앉는 것 자체가 힘들 수 있으니 운전을 자제하자. 특히 소량의 질 출혈로 유산기가 있거나 조산 가능성이 있다면 가급적 운전을 피하고, 장거리 여행에 동승하는 것도 피하는 게 좋다.

안전벨트를 반드시 맨다.
안전벨트가 태아를 압박해서 해로울까 봐 안전벨트를 매지 않고 운전하는 임신부가 있는데, 안전벨트는 운전 중의 필수라고 생각해야 한다. 어깨벨트는 어깨를 지나 불룩해진 배를 피해 위쪽으로 오게 하고, 가로지르는 아래 벨트는 불룩한 배의 아랫부분을 통과하게 해야 한다.

바른 자세로 운전한다.
양팔을 뻗어 핸들을 잡았을 때 어깨가 등받이에 밀착되는 게 좋다. 머리

받침대도 눈과 귀의 연장선상 중앙에 오도록 높이를 맞추자. 가벼운 충돌에도 충격을 받을 수 있으므로 몸을 핸들 가까이 두지 말고, 다른 사람이 운전하는 차를 탈 때나 임신 마지막 달에는 뒷자리에 앉는 게 좋다.

돌발 상황에 침착하게 대처하자.

임신하면 호르몬과 혈액 순환 등의 변화와 태아에 대한 보호 의식 때문에 더 자주 놀라게 되는데 이 변화는 태아에게 직접 전달될 수 있다. 그러니 운전하면서 임신부가 흥분하거나 신경을 예민하게 곤두세우면 안 된다. 특히 태교를 위해서도 감정의 진폭을 잘 조절해야 한다.

: 임신 중 부부 관계 :

흔히 태교에 좋지 않을 거라는 생각에 임신 중의 부부 관계를 꺼리는 경우가 많다. 그러나 임신 중의 성생활은 오르가슴에 따른 엔도르핀 분비로 태아의 뇌를 자극하고 부부의 친밀감을 높이기 때문에 좋다. 부부가 성관계를 하면 부드러우면서도 강렬한 리듬감이 양수를 흔들어 파동을 만드는데, 이때의 파동으로 태아는 뇌신경과 피부에 자극을 받고 두뇌 발달도 촉진되기 때문이다.

부부가 관계를 맺을 때 서로에게 속삭이는 '사랑해'라는 말은 배 속 아기에게도 그대로 전달되어 효과적인 청각 태교가 된다. 특히 뇌신경과 청각 신경이 어느 정도 발달한 무렵이라면 엄마 아빠의 로맨틱한 감정이 태아에게도 그대로 전해진다. 관계를 맺을 때 아빠가 아내의 귓가에 태명을 사랑스럽게 불러주는 것도 좋은 방법이다.

또한 임신 중 성생활은 질 내 면역력도 높인다. 정액이 엄마의 질 내에서 살균 작용을 하기 때문이다. 정액이 몸에 흡수되면서 면역글로불린 A의 분비량이 증가해 저항력을 키운다.

단, 조산의 위험이 있거나 임신 후기에는 심한 오르가슴이 자궁을 수축시킬 수 있으므로 조심해야 한다.

임신 초기
깊은 삽입은 위험하다. 아직 태반이 완성되지 않아 태아의 상태가 불안정하기 때문에 주의를 기울여야 한다. 스킨십과 부드러운 성관계는 괜찮지만, 격렬한 동작이나 지나친 흥분은 자궁 수축과 출혈을 일으켜 유산이나 사산의 원인이 될 수도 있다.

임신 중기

입덧이 사라지고 태반이 완성되는 시기로, 유산의 위험에서 어느 정도 벗어날 수 있다. 이 시기에는 체위나 횟수에 구애받지 않고 성생활을 즐길 수 있다. 단, 전치태반이거나, 조산 경험이 있거나, 조산 가능성이 있는 경우는 성관계를 피하는 것이 바람직하다. 심한 태동은 태아가 힘들다는 신호이므로 가벼운 체위로 바꾼다. 그래도 나아지지 않으면 곧바로 중단하고 태동이 정상으로 돌아오는지 확인한다. 태아가 꽤 자랐기 때문에, 배를 압박하는 체위로 관계를 하는 것은 좋지 않다.

임신 후기

임신 8개월 이후에는 출산을 앞두고 자궁과 질이 약해지고 충혈된 상태라서 상처를 입기 쉬우므로 격렬한 성행위는 금물이다. 커진 자궁이 혈관을 압박할 수 있으므로 특히 정상위는 피한다. 유산이나 조산의 위험이 있는 경우, 전치태반의 경우는 성관계를 피하는 것이 안전하다. 임신 후기는 질 내의 산성도가 낮고 세균이 침투하기 쉬운 상태이다. 성관계를 하는 도중 세균 감염, 양막 파열이 일어날 수 있으며 조산의 위험도 높다. 출혈이 있거나 하복통 등의 이상 증세가 있을 때, 질에서 불쾌감을 느낄 때도 자제한다.

꼭 피해야 할 체위

굴곡위(다리를 들어서 삽입), 후배위(엎드린 여자에게 삽입), 승마위(여성 상위)

3

출산 후 두뇌교육

01

왜 분만의 진통이
산모에게 필요한가?

⁚ 남자아이 낳기와 여자아이 낳기

스트레스를 받은 동물의 암컷은 수컷 새끼를 덜 출산한다는 연구 결과가 있는데, 사람을 대상으로 조사했을 때도 비슷한 결과가 나왔다. 덴마크 여성 6,000명 이상을 대상으로 임신 초기에 심리적인 스트레스를 받았을 때 남자아이 출산율을 조사해보니, 가장 심한 스트레스에 시달렸던 여성은 47%가 남자아이를 출산했고, 가장 적은 스트레스를 받았던 여성은 52%가 남자아이를 출산했다.

미국 UC 버클리 대학교 인구보건연구원의 랠프 카탈라노(Ralph Catalano) 교수에 따르면, 여성에게 항우울제를 많이 처방할수록 더 적은 수의 남자아이가 태어났다. 진화론적 관점에서 본다면 스트레스가 높은 시대에는 남자아이보다 여자아이를 출산하는 것이 더 현명하다는 해석이다. '딸은 자손을 안겨줄 확률이 더 높기 때문'이라고 카탈라노 교수는 주장한다. 다윈의 관점에서 보면 약한 남자아이를 배 속에 갖고 있는 임신부는 그 임신을 중단하고 또 다른 임신을 택할 수가 있는 것이다. 이번에는 여자아이나 더 강한 남자아이를 임신한다는 말이다. 스트레스가 심한 시대에는 유산이라는 수단을 통해 약한 남자아이를 걸러냄으로써, 적은 수이긴 하지만 더 건강한 남자아이가 태어나는 것이다.

딸을 임신한 경우 메스꺼운 기분을 더 많이 경험할 수 있다. 입덧

이 심한 임신부는 딸을 출산할 확률이 55.7%나 된다. 입덧이 심할수록 여자아이일 확률이 높아진다는 것이다. 2004년 조지워싱턴대학교 교수들이 진행한 연구에 의하면, 3일 이상 입원해야 할 정도로 심하게 입덧을 앓았던 임신부는 심각한 메스꺼움을 경험하지 않았던 임신부보다 여자아이를 출산할 확률이 80%나 높았다. 여자아이는 남자아이보다 인융모성 생식선자극호르몬을 더 많이 생성하기 때문이다.

식욕이 더 좋은 임신부는 남자아이를 임신하고 있을 가능성이 더 많다. 남자아이를 임신한 임신부는 여자아이를 임신한 임신부보다 10%나 더 많은 칼로리를 섭취한다. 단백질과 탄수화물, 지방의 섭취량이 더 많았으며, 하루에 대략 200Kcal를 추가로 섭취한다. 남자아이를 임신한 경우 태아의 고환에서 생성되는 테스토스테론이 더 많이 먹으라는 신호를 보낸다는 뜻이다.

⋮ 임신부가 하루에 섭취해야 할 물의 양은 2~3L

임신부의 배를 누르면 일반 '살'을 누를 때와는 달리 물렁물렁한 느낌이 든다. 바로 '양수' 때문이다. 양수는 태아를 둘러싸고 있는 양막 안의 액체로, 태아를 보호하는 것이 주된 역할이다. 태아의 성장 발육과 밀접한 관계가 있으며, 양수 검사로 태아나 임신부의 건

출산을 돕는 운동

- 허벅지, 가슴, 어깨, 등, 허리, 엉덩이, 복부, 골반의 지구력을 강화하면 좋다.
- 허벅지 안쪽, 허리, 오금, 가슴, 종아리 근육을 스트레칭해야 한다.
- 임신 전에 활발한 신체 활동을 했다면 임신 후기에는 신체 활동을 조절해야 한다.
- 숨을 참으면서 하는 운동을 피해야 한다. 숨을 참으면서 하는 운동은 혈압과 복압을 증가시킨다. 그 영향으로 태아와 산모가 위험할 수도 있다.
- 하루에 필요한 적정 칼로리를 확인한 후 운동을 해야 한다. 임신부는 하루에 300Kcal의 추가 칼로리가 필요하고, 신체 활동에 따른 칼로리가 더 필요하다.
- 체중 감량 운동을 피해야 한다. 임신 중에 체중을 줄이면 태아에게 가는 에너지는 물론 임신부의 균형적인 영양 공급에 문제가 생긴다.
- 운동 전에 고탄수화물 간식인 통보리 크래커, 베이글, 주스, 견과류, 과일 등을 먹으면 좋다.
- 운동 전, 중, 후에는 언제나 수분을 충분히 섭취해야 한다. 수분 섭취는 탈수를 방지한다.
- 숨쉬기가 편한 가벼운 옷을 입는다. 운동 중에 체온이 올라가므로 땀과 수분의 배출이 잘되는 옷이 좋다.
- 근육을 긴장시키는 운동보다 이완시키는 운동에 집중해야 한다.
- 골반을 압박하는 운동을 피해야 한다. 빠르게 다리를 들어 올리는 운동은 임신부의 허리 통증과 함께 골반에 스트레스를 줄 수 있다.

강을 예측할 수도 있다. 태아의 세포 일부가 떨어져 양수에 섞여 있기 때문에 임신부들의 큰 관심사인 기형과 염색체 이상 여부 등도 어느 정도 확인이 가능하다.

양수는 외부의 충격이 태아에게 그대로 전달되지 않도록 해주고, 박테리아가 자랄 수 없어 태아를 질병에 걸리지 않게 하는 역할도

한다. 태아의 체온을 유지시키고, 태아가 탯줄에 감기지 않도록 도와주기도 한다. 태아가 움직이면서 탯줄이 태아의 몸에 감길 수 있는데 이런 상황을 방지해주는 것이다.

좋은 양수를 만들기 위해서는 좋은 생각을 하면서 물을 많이 마셔야 한다. 임신부가 하루에 섭취해야 할 물의 양은 2~3L인데 사람에 따라 더 마셔도 괜찮다. 가능하면 공복 때나 식사 30분 전이 가장 좋다. 단, 식사하면서 물을 마시면 소화효소와 위산이 희석되어 소화가 잘 안되니 피한다.

생수보다 수돗물을 끓여 마시는 것이 좋다. 끓인 물이 지겹다면 보리나 결명자, 현미를 첨가해 마시는 것도 좋은 방법이다. 탄산음료는 임신부뿐 아니라 태아에게도 해로우니 피하는 게 좋다. 단, 순수한 탄산수는 기호에 따라 괜찮다.

⦂ 분만의 고통은 회피하는 것이 아니라 맞이하는 것이다

태아의 뇌에서 옥시토신이 나오면서 임신부의 분만 진통이 시작되는데, 본래 진통은 세게 오다가 조금 약하게 오다가를 반복한다. 이는 태아와 임신부에게 가는 고통과 충격을 최소화하려는 인체의 메커니즘으로 해석된다. 병원에서 보통 촉진제로 사용하는 것은 정맥에 주입하는 합성 옥시토신인 피토신 주사인데, 이 주사를 맞으면 주기적으로 강력한 진통이 올 수밖에 없다. 게다가 아직 출생 준비도 하지 않은 태아에게 갑작스럽게 심한 진통이 가해져 트라우마를 줄 가능성이 있다.

동물 실험에서 마취제를 맞고 새끼를 낳은 어미는 자기가 낳은 새끼를 돌보지 않는다는 것이 입증되었다. 사람에게 그대로 적용할 수는 없겠지만, 왜 분만의 진통이 산모와 태아에게 꼭 필요한가를 시사해주는 연구 결과이다. 무통 분만을 하면 사랑의 호르몬인 옥시토신 분비가 현저히 감소해 옥시토신 샤워를 할 수 없으며, 엔도르핀의 다량 분비가 이루어지지 않아 엔도르핀 샤워가 불가능하다.

분만의 고통은 회피하는 것이 아니라 맞이하는 것이어야 한다. 분만의 고통을 정면으로 맞이할 때 비로소 고통이 경감될 수 있기 때문이다. 그 고통의 이유와 실체를 알면 견딜 수 있는 것으로 받아들이게 된다.

분만은 아기에게도 힘들기 때문에 산모와 함께 진통을 겪는다. 아파도 같이 아픈 것이다. 따라서 산모가 자신만 아픈 것이 아님을 안다면 분만의 전 과정을 아기와 함께 슬기롭게 이겨낼 수 있다. 인간으로 태어난다는 것은 어려움을 이기고 고난을 극복하며, 한계 상황에 부딪히게 되더라도 굴하지 않는 의지와 인내를 발휘하는 것을 의미한다.

수중분만은 여러 가지 장점이 있다. 우선 산모는 양수와 비슷한 온도인 섭씨 37도의 따뜻한 물속에서 진통을 겪는다. 물속에서는 조직이 이완되기 때문에 자궁의 수축 통증이 적을 뿐 아니라 진통 시간도 빨라진다. 회음부의 조직 탄성도가 증가하기 때문에 회음 부절개술이 필요 없으며, 태어난 아기도 따뜻한 양수에서 비슷한 온도의 물로 옮겨 가기 때문에 분만 중 스트레스가 적다. 아기는 탯줄로 산소를 공급받기 때문에 물속에서의 호흡을 걱정하지 않아도 된다.

물속으로 나온 아기는 탯줄을 자르기 전에 엄마 가슴에 안기고 자연스럽게 젖을 찾는다. 그런데 이 모든 것들보다 중요한 것은, 임신부가 물속에서는 특히 쪼그리고 앉는 자세를 취하기가 편해 골반이 잘 벌어지고 부력이 생겨 몸도 훨씬 가볍다는 점이다. 때문에 임신부가 좀 더 골반에 힘을 줄 수 있고, 그만큼 분만이 수월하다.

02

임신과 출산에
필요한 '아빠 효과'

원시 시대의 일부 민족은 엄마의 출산일이 다가오면 아빠가 자리에 누워 출산의 고통을 흉내 내는 거짓 의식을 벌였다. 이를 통해 주위 사람들은 아기의 아빠가 누구인지 분명히 알 수 있었다. 또한 출산 장소와 같은 모양으로 집을 만드는데, 엄마와 아기의 안전을 위해 모든 악령들을 그곳으로 불러들이기 위한 것이다.

인도 남부의 에리칼라-반두(Erickala-Vandu)족은 엄마가 진통을 시작하면, 아빠는 엄마가 평상시 입던 옷을 입고, 여자들만 이마에 표시하는 마크를 자기의 이마에 표시하는 풍습이 있다. 아빠는 희미한 불빛만 있는 어두운 방으로 가서 긴 천으로 몸을 덮고 눕는데, 아기가 태어나면 아빠 곁의 유아용 침대에 눕힌다. 이런 전통적인

의식은 오늘날에는 아빠가 엄마의 출산 예비수업에 참여하거나 분만실에 들어가 분만 과정에 참여하는 방식으로 이어지고 있다.

출산에 대한 인식의 변화도 영향을 주었다. 의학의 발달로 이제 출산은 위험한 과정으로 생각되기보다 행복한 가정을 이루기 위해 필수적인 단계로 인식되고 있다. 따라서 의사들은 출산의 과정을 보다 안락하고 편안하게 바꾸고, 산모가 편안함을 느낄 수 있도록 병실을 가정집처럼 꾸미게 되었다.

⫶ 엄마와 함께 출산 예비수업에 참여하는 아빠들이 늘었다

아빠들의 인식도 바뀌었다. 임신 중에 엄마와 함께 들었던 출산 예비수업 덕분에 아빠들은 엄마가 출산할 때 무엇을 원하는지뿐 아니라 무엇을 도와주어야 할지 알게 되었다. 따라서 분만실에 들어가면 충격적인 경험을 할 것이라는 두려움, 출산 시 오히려 방해가 되지 않을까 하는 걱정도 많이 해소되었다.

출산 예비수업에서 엄마뿐 아니라 아빠들도 호흡법과 준비체조를 배우는 일이 점차 늘고 있다. 이 수업에서 아빠들은 임신과 출산의 생리학적 과정에 대해 배우며, 출산 시 일어나는 진통에 적절하게 대처할 수 있는 호흡법을 익힌다. 그런 아빠들은 엄마의 진통 여부를 체크하고, 함께 호흡하거나, 등을 마사지해주거나, 얼음 조각

이나 주스를 가져오는 등 분만 과정을 돕는다. 또 엄마가 원하는 것을 의사나 간호사에게 알려주며, 혼자가 아님을 상기시켜 고통을 줄여준다.

이렇게 출산 예비수업을 받은 아빠는 자연스럽게 엄마의 분만에 참여한다. 그러나 수업을 받았다고 하더라도 엄마의 분만에 일부만 참여하면 엄마의 고통을 줄여주는 효과는 반감된다. 헨본(Henneborn)과 코간(Cogan)의 연구에 의하면, 출산 예비수업에 참여한 아빠들이라고 하더라도 진통이 시작될 때부터 분만 때까지 엄마

곁을 지킨 아빠가 진통이 처음 시작되는 동안만 분만실에 있었던 아빠보다 엄마의 진통을 더 많이 감소시켰다. 그리고 진통제 사용을 줄였고, 출산에 대한 엄마의 인식도 더 긍정적으로 만들었다.

출산 경험에 대한 엄마의 긍정적인 반응은 부부 관계는 물론 모자 관계에도 긍정적인 영향을 미친다. 심지어는 엄마가 분만 과정에서 황홀감을 경험하기도 한다는 것이다. 엔트비슬레(Entwisle)와 도링 (Doering)에 의하면, 엄마가 한창 진통을 하고 있을 때 아빠가 곁에 있으면 엄마는 감정이 복받치는 출산의 쾌감을 더 많이 느꼈다.

⦂ 아빠들은 대부분 태동을 느끼는 때부터 관심을 갖는다

일부 영장류의 수컷들은 야생 상태에서 자기 새끼들에게 먹이를 주고 돌봐준다. 아메리카 대륙의 마모셋(Marmoset)이나 타마린 (Tamarin)종의 원숭이들은 거의 수컷들이 새끼를 키운다. 이 수컷들은 암컷이 새끼를 낳을 때 도와주고, 새끼가 태어나면 처음 몇 달 동안은 낮에 새끼를 돌보고, 음식물을 잘게 씹어 새끼들에게 주기도 한다. 아시아와 아프리카의 바바리 마카크(Barbary macaque)종의 수컷 원숭이들도 어린 새끼들을 돌보고 보호한다. 인간을 제외한 영장류에서는 수컷들이 새끼에게 먹이를 주고 잘 돌보는 것이 낯선 일이 아니라는 것이다.

그럼에도 불구하고 아빠들이 엄마들에 비해 부성애가 부족하고 지속되지 않는 것은 자녀들을 돌보고 먹을 것을 줄 기회가 적었기 때문이다. 린드(Lind)는 자연분만된 아기의 아빠와는 달리 제왕절개로 분만된 아기의 아빠가 가정에서 자녀들을 돌보고 먹을 것을 주는 데 더 많은 시간을 할애한다는 사실에 주목하였다.

제왕절개로 분만된 아기의 아빠는 제왕절개로 회복이 더딘 엄마 때문에 처음부터 할 일이 많다. 자연히 아기와의 접촉이 증가할 수밖에 없다. 병원에서 아기를 돌보았던 아빠들은 3개월 후에도 집에서 아기를 더 잘 돌본다고 한다. 아빠가 일찍 아빠의 역할을 익히면 익힐수록 출산 후에도 오랫동안 지속된다는 것이다.

우리나라 아빠들에 대한 연구를 보면 엄마들은 임신 초기부터 태교를 하는 데 반해, 아빠들은 대부분 태동을 느끼는 때부터 관심을 갖는다고 한다. 흡연을 하는 아빠들은 엄마가 임신 5개월이 되어서야 옆에서 담배를 피우지 않는다고 한다. 그러나 임신 기간 내내 엄마 옆에서 흡연하는 경우도 흔하다. 이제 우리나라 아빠들도 엄마의 임신 초기부터 아빠의 역할을 익혀야 한다. 임신 초기부터 태교에 관심을 갖고 출산 예비수업에도 참여하여 엄마의 분만 과정에 엄마를 도와야 한다. 그래야 아기가 출생한 후에도 아기를 잘 돌볼 수 있다. 이 과정에서 아빠의 부성애는 충만해지고 오랫동안 지속될 수 있다.

03

산후우울증,
엄마가 위험하다

30대 엄마가 13개월과 3주 된 두 아들을 살해하고 스스로 목숨을 끊으려 한 사건이 매스컴에 실린 적이 있었다. 알고 보니 이 엄마는 심각한 산후우울증을 앓고 있었다.

초보 엄마는 아이를 얻게 되어 기쁘고 행복하지만 아기를 낳자마자 엄마로서 혼란을 느낀다. 자아 정체감이 흔들리고, 모성에 대한 의심도 생기며, 사회와의 단절도 경험하게 된다. 그런데 가벼운 우울감이 아니라 하루 종일 우울하고 모든 일에 흥미를 느끼지 못하는 상태가 2주 넘게 지속되는 경우가 있다. 이때 체중과 식욕의 변화, 과다한 수면이나 불면, 불안과 피곤감이 심하면 산후우울증으로 진단을 내리게 된다.

산후우울증을 가진 엄마는 아이에 대해 과도하게 걱정하거나, 도저히 아이를 잘 키울 수 없다는 좌절감에 빠져 자살을 생각하거나, 심한 경우 아기에게 위해를 가하기도 한다. 적절한 치료를 받으면 출산 3개월 후에는 좋아지게 마련이지만, 그냥 방치할 경우 산후우울증을 앓는 엄마의 20%는 우울증이 만성화된다. 여성호르몬 수치의 급격한 변화, 출산 과정의 스트레스, 엄마 노릇을 제대로 하지 못한다는 책임감 등이 영향을 미치는 것으로 알려져 있다.

⠿ 산후우울증은 출산 후 체내 호르몬 변화가 원인

아기를 낳은 초보 엄마가 갖는 두려움과 우울감은 어쩌면 자신의 모성을 의심하는 원인이 된다. 임신부는 아기를 임신한 순간부터 자신보다 태아를 더 많이 생각한다. 아기가 태어난 후에도 한밤중 젖을 물리느라 수면 부족에 시달리고, 밥 먹을 짬조차 없어 식탁 앞에 서서 물에 밥을 말아 먹기도 한다. 이렇게 아이를 위해 노력하는데도 자기 뜻대로 되지 않는 일이 많아 행복하지도 않다. 엄마로서 부족한 자신의 능력을 탓하다가도, 이보다 더 어떻게 잘 하느냐고 항변하고 싶은 마음을 갖게 된다.

산후우울증은 아기를 낳은 후 체내 호르몬이 변하는 것에서 비롯된다. 임신 중 왕성하게 분비되던 여성호르몬인 에스트로겐이 출산

후 급격히 떨어지면서 뇌 신경전달물질 체계를 교란한다. 여기에 자녀 양육에 대한 부담과 스트레스, 피로감, 수면 부족, 생활의 어려움, 신체 변화 등도 영향을 끼친다. 산모의 10~15%가 산후우울증을, 30~75%가 가벼운 우울감을 경험한다고 알려져 있다.

과거에도 우울증에 걸리면 편도체 활성이 두드러지고 전두엽의 움직임은 줄어든다는 보고가 있어왔다. 최근에는 뇌 영상 기술의 발달로 산후우울증 엄마에게서 사회적 공감력을 조절하는 신경회로인 배내측 전전두피질과 편도체 사이의 소통에 문제가 있다는 것이 밝혀졌다. 모지스-콜코(Moses-Kolko) 교수에 의하면, 엄마는 이 신경회로의 소통을 통하여 출산 뒤 갑자기 바뀐 환경이나, 아기를 돌보면서 생긴 스트레스로 인한 부정적 감정을 적절하게 조절해 주변의 변화에 적응해야 한다. 그런데 산후우울증을 앓는 엄마는 두 영역의 소통이 원활하지 못해, 아기를 양육하며 발생하는 부정적 감정을 효과적으로 조절하지 못하게 된다는 것이다.

⋮ 산후우울증의 엄마는 아기의 감정에 느리게 반응한다

산후우울증이 있는 엄마는 그렇지 않은 엄마보다 아기에게 조금 더 느리게 반응하고 아기의 신호에 덜 민감해 애착 형성에 문제가 생길 수 있다. 배내측 전전두피질은 엄마가 아기의 감정을 읽고 공감하는 데 관여한다. 산후우울증 엄마는 배내측 전전두피질과 편도체 사이의 연결성이 감소되어, 울음만으로 의사를 전달하는 아기의 감정을 읽어내는 것이 어렵다. 또한 기분이 가라앉거나 신체 활력이 떨어지는 상태에 빠지기가 쉽다. 때문에 아기가 더워서, 기저귀가 축축해서, 배가 고파서, 졸려서, 아파서 울 때 엄마는 아기의 불편을 공감하지 못한다.

그로 인하여 다른 엄마들과 비교해 자신이 게으르거나 부족한 것으로 여기며 죄책감을 지니게 된다. 따라서 산후우울증 엄마의 아기는 그렇지 않은 아기에 비해 엄마의 얼굴과 목소리에 거의 반응을 보이지 않게 되고, 엄마가 자신에게 반응하지 않아도 그다지 힘들어하지 않는다. 이렇게 상대에게 반응하고 동조하는 능력이 떨어지면, 아이는 생후 1년의 안정적인 애착 형성, 만 2세부터 6세까지의 자기 조절력 강화에도 문제가 생긴다.

워싱턴 대학교 심리학 교수인 제럴딘 도슨(Geraldine Dawson) 박사는 우울증을 앓는 엄마한테 자란 아이는 다른 아이들보다 위축되고, 적극성이 떨어지며, 집중 시간이 짧고, 감정 조절에 관여하는 전두엽의 활성도가 떨어진다고 보고했다. 특히 아기들 대부분은 어린이집에 가는 것이 안정적인 애착 형성에 방해가 되지 않는다. 하지만 산후우울증을 겪은 엄마의 아기들은 12개월 이전에 어린이집에 맡겨지면 불안정한 애착을 형성할 가능성이 더 높다. 그러나 다행스럽게도 산후우울증은 대개 6개월이 되기 전에 사라지거나 약화되기 때문에 장기적으로 아이의 행동이나 인지 능력이 손상되지는 않는다.

⦂ 이렇게 산후우울증을 극복하자

오메가3 지방산, 비타민 B군, 아연, 트립토판, 마그네슘이 풍부한 음식이 좋다. 고등어, 참치, 연어와 같은 등 푸른 생선에는 오메가3 지방산이 많고, 호박과 녹황색 채소에는 비타민 B와 E, 베타카로틴이 있어 신경을 안정시켜준다. 치즈, 우유, 달걀에는 세로토닌을 만드는 트립토판이 풍부하고, 참깨와 두부, 연어, 참조기, 올리브에는 마그네슘이 풍부해 마음을 진정시키고 편안하게 만든다.

1. 햇빛을 쬐라.

연구에 의하면 산후우울증에 아침 햇빛을 쬐는 광선 요법이 치료 효과가 있다. 날씨가 좋은 날에는 햇빛을 받는 시간을 늘려보자, 햇빛을 받게 되면 세로토닌의 분비가 증가하면서 기분이 좋아지고 행복해진다.

2. 복식호흡을 하라.

의식적으로 숨을 깊이 들이쉬어 배 속 깊은 곳까지 밀어 넣고, 내쉴 때는 배가 쑥 들어갈 정도로 숨을 뱉어보자. 복식호흡을 강화하

○ 잠이 오지 않는다.

○ 아이를 출산한 후 감정의 기복이 심해졌다.

○ 아이를 보다가도 갑자기 마음이 울적해지고 우울해진다.

○ 이유 없이 짜증이 나고 마음이 불안하다.

○ 별것 아닌 작은 일에도 서럽고 눈물이 난다.

○ 아이를 돌보는 게 귀찮다.

○ 입맛이 없고 몸무게가 갑자기 줄거나 늘었다.

○ 남편, 가족, 친구의 얼굴을 보기가 싫다.

위의 사항 중 6가지 이상 해당되면 산후우울증을 의심할 수 있다.

면 많은 양의 산소가 들어가고 많은 양의 이산화탄소가 배출된다. 때문에 혈액 순환이 원활해져 혈압과 심장 박동이 안정될 뿐 아니라 감정의 자기 조절력도 강화된다. 더구나 복식호흡은 가벼운 전신운동 효과까지 얻을 수 있다.

3. 필요하면 약물 치료를 하라.

산후우울증 엄마는 모유를 통한 약물 전달을 걱정하여 항우울제 치료를 거부하곤 한다. 약물 의존성이 없고 모유 수유에도 안전한 약을 선택한다면 아기에게 끼치는 영향은 매우 미미하다.

4. 대인관계 치료도 효과적이다.

산후우울증도 내면의 욕구와 엄마가 된 현실 사이의 갈등 같은 심리적 요인이 문제가 되므로 대인관계 치료가 매우 중요하다. 이를 통하여 급격하게 바뀐 역할과 환경에 적응해나가고 우울증을 극복하는 데 도움을 얻을 수 있다.

04

엄마 스트레스가
육아 능력을 향상

⋮ 엄마는 출산을 하고 모성애가 생기며 정서가 안정된다

1960년대 루마니아는 차우셰스쿠(Nicolae Ceausescu)의 독재정권 아래 피임, 낙태 금지 조치와 극심한 경제난으로 태어난 아기들을 고아원에 맡기는 경우가 늘어났다. 하지만 당시 고아원들은 들어오는 아기에 비해 돌봐주는 사람이 터무니없이 부족해서 속수무책이었다. 결국 아기들 대다수는 하루에 20시간 이상 침대에 누워 있어야 했고, 누가 안아주거나 웃어주기는커녕 거의 방치되는 수준이었다. 그 후 이렇게 자란 고아원 아기들을 대상으로 뇌 검사가 시행되었다. 그 결과 아기들은 변연계를 비롯한 두뇌 발달에 심각한 손상

231

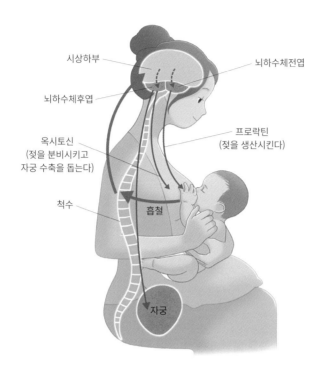

시상하부

뇌하수체전엽

뇌하수체후엽

옥시토신
(젖을 분비시키고
자궁 수축을 돕는다)

프로락틴
(젖을 생산시킨다)

척수

흡철

자궁

아기가 젖을 빨면 자극이 뇌에 전해져
젖을 만드는 호르몬이 분비되고, 자궁 회복이 빠르다.

을 입었고, 이로 인해 과잉행동 장애, 애착 장애 등을 일으킨 것으로 확인되었다.

원숭이를 대상으로 한 연구를 보면, 특이한 유전적 변이를 갖고 태어나고 어릴 때 어미와 친밀한 관계를 맺지 못하고 자란 원숭이는 극도로 공격적인 성향을 가진다.

반면 같은 변이를 갖고 태어났어도 어미 품에서 안정적으로 자란 원숭이는 정반대라는 것이다. 이런 결과는 같은 유전자를 가져도 경험에 따라 유전자에서 만들어지는 화학적 성분이 달라지기 때문이다. 즉, 생애 초기의 경험이 유전자의 기능을 변화시킨다는 뜻이다.

그뿐만 아니라 이렇게 특이한 변이를 가지고 태어난 원숭이들은 자라서도 자신이 경험한 그대로 새끼와 애착 관계를 형성했다. 공격성도 유전자로 대물림되는 것이 아니라 사회적인 학습을 통해 바뀔 수 있다는 증거이다.

엄마는 출산하고 모성애가 생기며 정서가 안정된다. 즉, EQ(감성지수)가 높아진다. 어떤 엄마라도 아이를 키울 때는 EQ의 기본 요소인 감정 이입이 끊임없이 이루어지고, 자기 절제나 충동 해결을 통한 긍정감 등이 커진다.

심지어 볼리비아 원주민들은 아기가 태어나면 아기의 이름에 따라 부모의 이름을 바꾸기도 한다. 또한 미국에서는 생후 3개월 된 아기를 가진 부부 가운데 엄마의 73%와 아빠의 66%가 자신들의 아기가 '완벽하다'고 생각한다는 연구 결과가 있다. 그만큼 부모는 자신의 아기에 대한 긍정과 사랑이 넘친다.

아기에 대한 부모의 사랑과 엄마의 신비로운 경험은 편도체와 두정엽, 특히 우측 두정엽과 관계가 있다. 이 뇌 영역의 활성으로 엄마는 출산과 육아를 이상적으로 생각하고, 인생에서 가장 중요한 일로 여기며, 열정적으로 아기와 상호작용을 하면서 말로는 설명할 수 없는 기쁨을 느낀다.

⁝ 엄마의 스트레스가 아기를 키우는 능력을 향상시킨다

아빠가 고통을 만나는 순간 뇌에서 전두피질과 뇌섬엽이 활성화 되는데, 엄마의 뇌에서도 함께 활성화된다는 연구 보고가 있다. 엄마는 실제로 고통을 느끼지 못하더라도 아빠와 똑같은 스트레스를 받는다는 것이다. 뇌섬엽은 신경의 경보 체계와 이어져 신체나 정서적인 환경에 갑자기 변화가 일어날 때 뇌의 관심을 끄는 역할을 한다. 즉, 이 영역은 고통에 반응하는데 엄마가 아기의 울음소리를 들을 때도 활성화된다. 일반적으로 엄마는 타인의 감정에 민감하게 반응하기 때문에 상황 판단도 빠르다.

엄마는 출산하고 6~8주가 지나면 출산하기 전보다 시각, 청각, 후각, 다중 작업 능력 등이 향상된다. 또한 출산 후에 엄마와 아기를 같이 지내게 했더니, 아기 울음소리에 깨는 엄마가 첫날에는 60%였다가 며칠 뒤에는 96%까지 늘어났다. 엄마의 이런 반응은 출산 후 스트레스 호르몬인 코르티솔 수치가 몸속에서 늘어나기 때문이다. 평소보다 약간 높은 상태의 스트레스 수치는 아기에 대한 긴장을 갖게 하고, 아기를 키우는 데 필요한 능력을 빨리 향상시켜 준다.

평균적으로 엄마는 출산 2주 후에도 하루 14시간을 아기에게만 집중한다. 심지어 아기 눈의 움직임이나 근육의 변화 등 작은 움직임에도 정신을 집중한다. 또한 엄마들은 날카로운 관찰력으로 세상

출산 후 모성애의 발달 단계

○ 제1단계 발견기: 엄마가 되었지만 출산 후 2개월까지는 자신의 아기라는 것을 실감하지 못하고 수동적으로 관찰하며, 아기를 어떻게 돌봐야 할지 몰라 불안해한다. 하지만 아기를 돌보는 책임이 자신에게 있다는 것을 자각하고 엄마가 된 것을 인정한다.

○ 제2단계 수용기: 출산 후 6개월이 되면 아기를 능동적으로 관찰하기 시작한다. 아기를 돌보는 일이 아직 미숙하고 불안하지만 엄마의 역할을 자신의 역할로 받아들인다.

○ 제3단계 형성기: 엄마의 역할을 형성하면서 활발하게 활동하는 아기를 긍정적으로 보게 된다. 아기를 돌보는 일에도 조금씩 자신감이 생긴다.

○ 제4단계 안정기: 출산 후 9~10개월이 되면 아기의 행동을 어느 정도 즐길 수 있게 된다. 아기를 익숙하게 돌보면서 자신감을 가지며 엄마 역할이 안정된다.

의 위험을 인식하는 보호자가 되는 것이다.

엄마의 뇌는 아기를 키우면서 더 발달하여 집중력이 대단히 높아진다. 거의 본능처럼 그렇게 변한다. 또한 아기의 생사와 미래를 위해 사용할 기술을 훈련한다고 보면 된다. 엄마가 집중력을 발휘하지 못할 때는 수면이 부족할 때뿐이다. 그런 의미에서 육아 중에는 아빠와 집안일을 분담할 필요가 있다.

05

엄마의 출산 후
아기 키우기

⋮ 분만 직후에는 가능하면 모자가 함께 지내는 게 좋다

뇌는 대체로 특별한 도움 없이 유전적인 프로그램으로 발달한다. 더불어 기억에 중요한 해마나 대뇌피질의 일부 영역은 평생에 걸쳐 경험으로 변형된다. 또한 뇌는 감각 경험을 이용해 시냅스가 만들어지고 신경회로를 형성한다. 그러나 자극이나 경험이 없는 시냅스는 잘려나가고 제거된다. 역으로 아기의 개별적인 환경에 적합한 지각과 행동을 만들기 위한 시냅스는 강해지고 활성화된다. 아기에게 자극을 주고 많은 경험을 하도록 이끌어야 하기 때문이다. 즉, 이런 행위가 아기 키우기의 출발점이라고 할 수 있다.

한편 아기를 키우면서 엄마가 늘 빠지기 쉬운 함정이 스트레스일 것이다. 만병의 근원인 이 스트레스는 대물림된다는 사실에 유의해야 한다. '아기가 뭘 알겠어?'라고 생각하는 태도는 매우 위험하다. 만성적인 스트레스는 아기 뇌의 발달에 큰 장애가 될 정도로 치명적이기 때문이다.

하루에 15분씩 어미와 떨어져 지낸 새끼 쥐는 회복이 빠르지만, 하루에 3시간씩 어미와 떨어져 지낸 새끼 쥐는 스트레스에 취약하다는 연구가 있다. 또한 스트레스에 취약한 쥐들은 다른 쥐들보다 더 많이 불안해하고, 배우려고 하지 않는다.

어미 쥐의 태도도 달라지는데, 새끼와 떨어져 지낸 시간이 짧은 어미 쥐는 다시 만난 새끼 쥐를 많이 핥아주고 털 손질을 해주지만, 떨어져 지낸 시간이 길면 새끼 쥐를 방치하는 경향이 있다는 것이다. 그뿐만 아니라 어미에게 핥기와 털 손질을 적게 받은 새끼들은 다른 새끼들보다 성(性)에 더 빨리 눈을 떠서, 단 한 번의 짝짓기로도 임신할 가능성이 높다. 척박한 환경으로 인해 발생할 만성질환의 높은 위험을 번식으로 보완하려는 본능이다.

어미 쥐의 핥기와 털 손질은 새끼의 해마에서 신경전달물질인 세로토닌을 분비시켜 스트레스에 대처하게 한다. 역으로 심한 학대나 스트레스를 받으면 아기가 우울증에 걸릴 위험이 높고 세로토닌 유전자가 더 짧아진다. 즉, 어린 시절의 학대는 세로토닌, 도파민, 노르에피네프린 등 스트레스 반응과 감정 조절에 관여하는 신경전달물질에 영향을 준다는 사실에 유념해야 한다. 반사회적 행동이나 정신분열증 등도 이런 신경전달물질에 기인하기 때문이다.

분만 직후에는 가능하면 모자가 함께 지내는 게 좋다. 조산아나 미숙아라면 더욱더 엄마와 아기가 많은 시간을 함께하는 것이 중요하다. 이제 세상에 나온 아기들에게 엄마의 자궁과 일치하는 환경을 주는 것은 불가능하지만, 엄마의 심장 소리가 들리도록 아기를 부드럽고 따뜻하게 쓰다듬거나 안아주고 사랑의 말로 어르는 게 좋기 때문이다.

우리 조상들은 아기를 낳으면 금줄을 쳐서 사람이 함부로 들지 못하게 함으로써 엄마와 아기만의 시간과 공간을 확보했다. 요즈음 산모들은 분만 후 주로 산후조리원에서 지내는데, 대부분의 산후조리원이 신생아실을 따로 두고 산모와 아기를 떼어놓는다. 하지만 산모와 아기는 같은 공간에 있는 것이 가장 바람직하다.

⁝ 모성 호르몬과 모성애

옥시토신은 엄마가 아기를 보살피고 사랑하며 아기를 위해 희생하도록 하는 모성 호르몬이다. 주로 임신 기간 중에 나오며, 태교와 분만, 수유를 하면서 엄마와 아기는 서로 옥시토신에 노출된다. 옥시토신이 있음으로 해서 엄마는 아기에게만 몰두하고, 신경이 예민해져도 스트레스를 덜 받는다. 옥시토신이 스트레스를 억제해주기 때문인데, 엄마의 뇌는 출산 후 6개월이 지나면 줄었던 뇌의 크기가 정상적으로 돌아오면서 옥시토신도 줄어든다.

만일 엄마에게 옥시토신이 충분하지 않았다면 좋은 양육 조건을 제공하지 못했다고 봐야 한다. 그뿐만 아니라 이런 조건에서 아기를 키운다면, 그 아이는 사춘기 전에 특별한 환경 변화가 없는 한, 나중에 자신이 엄마가 되어도 자식을 충분히 보살피는 방법을 모르게 된다. 자폐증 환자와 정신질환도 옥시토신의 결핍이 원인일 수 있다.

⫶ 모유 수유는 아기의 인지 및 행동 발달에 좋은 영향을 준다

모유 수유는 엄마의 옥시토신, 도파민, 프로락틴 분비량을 증가시킨다. 특히 모유 수유를 하면 엄마의 뇌는 규칙적으로 쾌감 신경회로를 자극하고 기쁨을 느끼게 된다. 즐겁게 수유할 수 있는 뇌가 되는 것이다.

그렇다면 모유 수유가 왜 좋은지 생각할 필요가 있다. 또 피치 못할 사정으로 모유 수유가 힘든 엄마들은 분유 수유를 어떻게 하는 게 좋을지도 알아둘 필요가 있다.

모유에는 필수지방산(DHA나 아라키돈산)이 풍부해서 아기 뇌의 성장에 좋다. 또 아기를 안정시키고 잠을 편히 잘 수 있게 하며, 호

르몬이나 성장 인자가 면역력을 키워주고 타우린과 DHA가 풍부하다. 모유는 아기의 미각 경험을 다양하게 만들어주는 첫 번째 매개체이기도 하다.

그래서 최근 나온 조제분유는 필수지방산을 첨가하거나 DHA를 강화한 것이 많다. 물론 조제분유에 모유의 장점을 보충하기 위하여 철분과 지방산, 혹은 아미노산을 배합해서 넣어도 모유와 똑같을 수는 없을 것이다.

하지만 분유를 먹이더라도 엄마가 사랑과 관심을 많이 가지고 아기와 좋은 애착 관계를 갖는다면 모유 수유와 큰 차이가 없을 것이라는 의견도 있다. 즉, 분유가 호르몬이나 신경 촉진 인자를 포함하

○ 찐 고구마말랭이, 마른 멸치, 민물고기, 어패류 등이 좋다.

○ 등 푸른 생선(고등어, 꽁치, 청어), 날치, 장어, 미꾸라지, 광어, 참치, 연어 등은 주의한다.

○ 사과와 감귤류는 하루 1~2개(귤을 많이 먹으면 모유가 변하기 쉽다), 딸기 3~4알, 바나나는 2개까지 먹을 수 있지만 유방의 상태가 나쁠 때는 삼간다.

○ 육류, 동물성 지방, 기름진 요리, 찹쌀 음식, 감미가 강한 과자류 등은 유질을 변화시키기 쉬우니 주의한다.

지 못하더라도 누가 어떤 마음으로 아기를 바라보고 수유하느냐가 관건이라는 뜻이다.

: 아기의 촉각을 자극하면 운동 발달이 향상된다

아기는 뇌와 근육, 골격이 충분히 성숙되어야 비로소 머리를 치켜들 수 있다. 아기가 고개를 가누는 것은 특별한 학습 없이 자연스럽게 이루어지지만, 이것도 많이 연습하면 연습할수록 더 능숙해진다. 그래서 아기는 엎드린 채 머리를 드는 데 성공하고 나면, 이 동작을 완벽하게 할 수 있을 때까지 계속 연습한다.

대체로 아기의 촉각을 자극해 운동을 시키는 문화권에서는 그렇지 않은 문화권에 비해 아기들이 더 빨리 목을 가누고 앉거나 걷는

법을 익힌다. 예를 들어 아프리카, 카리브해, 인도 문화권에서는 엄마들이 아기를 목욕시킨 후 아기에게 마사지를 하거나 스트레칭을 해준다. 또한 아기를 슬링에 넣어 안고 다니면서 엄마의 움직임에 따라 근력과 협응력을 키울 수 있게도 한다. 연구에 따르면, 이런 자극이 운동 발달을 촉진한다.

또 다리를 일부러 움직이게 해도 아기가 운동 기술을 빨리 배울 수 있다. 기어 다니기를 빨리 연습한 아기가 일찍 기어 다니기 시작하고, 걷기도 빨리 연습한 아기들이 일찍 걷는다. 거꾸로 생각하자면 아기가 움직임에 제한을 받으면 운동 발달이 저절로 지연된다. 탐구심이나 도전 정신이 생길 수 없기 때문이다. 여름에 태어난 아기들이 겨울에 태어난 아기들보다 3주 정도 늦게 기어 다닌다는 연구 보고도 있다. 여름에 태어난 아기들은 겨울에 기는 법을 배우므로 추운 날씨 때문에 연습이 제한되기 때문이다.

아기의 운동 발달을 돕는 효과적인 자극법을 소개한다.

첫째, 운동을 재미있는 것으로 만들자.

아기들은 운동을 하게 되면서 사고력이 향상된다. 때문에 아기가 어떤 움직임을 좋아하는지 파악하고 흥미를 붙이게 해야 한다. 함께 공을 굴리고 장난감을 흔들어보거나, 또 아기의 행동을 따라 해보는 것도 좋다.

둘째, 엎어 키우자.

누워만 있으면 아기가 얻을 수 있는 시야가 평면에 거의 가깝다. 하지만 몸을 뒤집어 엎드린 자세를 취하면 그때부터 아기의 시야가 더 넓어진다.

전혀 모르던 3차원의 세계를 경험하는 것이다. 그러다가 스스로 허리를 세워 앉게 되고, 서서 제 발로 걷게 되면 아기는 본격적으로 3차원 세상과 마주하게 된다. 즉, 직접 만지고 물고 빨며 마음껏 탐색할 수 있는 입체적이고 환상적인 세상을 맛볼 수 있다.

셋째, 온몸을 골고루 자극하자.

아기의 뇌 신경회로를 적절하게 자극하면 운동 발달에 좋다. 아기의 발달 단계보다 약간 빠른 단계의 자극이 효과적인데, 신생아 때는 몸을 쭉쭉 눌러 온몸을 자극하고, 고개를 가눌 무렵엔 가끔 아기를 엎어놓아 아기 스스로 목과 머리를 조절할 수 있게 하자. 또 아기가 기어 다닐 때는 아기 앞에 물건을 놓아 의욕이 생기게 하거나, 아기가 뭐라도 잡고 일어설 때는 낮은 책상이나 의자 등 잡을 수 있는 것을 주는 것이 좋다.

넷째, 시행착오를 두려워하지 말자.

아기가 혼자 걸으려면 천 번 이상 넘어져야 스스로 균형을 잡을 줄 알게 된다. 아기가 넘어지는 것을 걱정하다 못해 넘어지지 않도록 미리 조치를 취하면 아기는 시행착오를 통한 학습의 기회를 잃어버린다. 혼자 걷는 것이 그만큼 느려질 수 있다. 아기의 시행착오를 격려하고 칭찬을 통해 의욕을 갖게 하자.

06

1~3개월 아기의
두뇌교육

⁝ 생후 초기에는 촉각, 호흡, 운동을 담당하는 뇌 활동이 활발

신생아 때는 머리를 옆으로 돌리고, 다리로 차고, 팔을 휘젓는 등 다양한 반사행동을 한다. 이런 초기 행동들은 대뇌피질 아래의 뇌 구조가 조절하는데, 아기의 움직임이 활발해지면 심장 박동이 증가하면서 산소와 피가 뇌에 더 많이 흐르게 된다. 또 이것이 아기의 집중력을 향상시키고, 뇌의 처리 속도를 빠르게 하며, 활력이 넘치고 문제 해결력을 높인다.

생후 초기에는 촉각, 호흡, 운동을 담당하는 시상, 뇌줄기(간뇌, 중뇌, 퇴교, 연수), 소뇌 등에서 에너지를 주로 사용한다. 그러나 생후 2

개월이 되면 청각, 공간 추론, 시각, 행동을 담당하는 대뇌피질의 측두엽, 두정엽, 후두엽, 기저핵에서 에너지를 많이 소모한다.

아기는 생후 30분부터 사람의 얼굴, 생후 2일부터는 특정한 목소리, 생후 3개월부터는 검은색 가운데 있는 빨간색같이 차이가 나는 사물에 집중한다. 또한 갓 태어난 아기는 시각과 청각이 미숙한 대신 후각과 미각이 발달돼 있다.

시각의 영역은 대뇌피질의 후두엽에 위치하는데 신생아는 망막 기능이 미처 발달하지 못한 상태로 사물을 분별할 정도(전방 20cm 안에 있는 물체만 겨우 보인다), 초점이 안 맞는 흑백 영상 상태로 세상을 본다. 그래서 초기에는 흑백 모빌이 좋다.

갓 태어난 아기의 시각은 제한된 상태에서 출발하는 게 더 좋기 때문이다. 즉, 세상에 태어난 초기에 너무 강하거나 너무 약하지 않은 시각적 경험이 좋다. 만일 아기의 시신경계가 성숙된 상태로 태어난다면, 아기는 처음부터 갑자기 눈에 들어오는 많은 정보를 한꺼번에 처리해야 하기 때문에 정신적으로 부담이 클 것이다. 또 아기는 그걸 모두 소화하기 힘들다. 신생아는 엄마의 얼굴과 젖꼭지, 그리고 자신의 손을 보고 이해할 수 있을 만큼의 시력만으로도 충분하다. 그런 후 시각 경험을 단계적으로 높여가면서 발달해야 뇌의 시각 영역을 극대화할 수 있다.

아기들은 생후 약 2개월 무렵 처음으로 말을 시도하는데, 모음을 속삭이기 시작하고 복잡한 말소리를 내기 시작한다. 언어 능력과 청각은 뇌의 측두엽이 관장하는데, 주로 소리를 듣고 소리의 크기와 높낮이를 구분하며 언어를 이해하는 영역이다.

갓 태어난 아기의 청각 능력은 어느 정도일까? 배 속에서 듣던 엄마의 목소리와 음악을 구별할 수 있을 정도로 시작한다. 그러다가 3개월이 지나면서 여러 가지 소리를 구분하고, 엄마와 아빠의 목소리를 알아듣는다. 이때부터 측두엽 시냅스 성장과 수초 형성이 활발해지는데, 청각 발달은 생후 1년까지가 거의 결정적이다. 또한 청각의 시냅스 밀집도는 생후 3개월에 최고점이 되는데, 이때 경험하는 음악적 자극이 아이의 절대음감 획득에 절대적이다.

⦂ 후각은 오감 중에서 유일하게 뇌와 직접 연결된 감각

아기의 후각과 미각은 화학적인 감각이다. 후각은 기억과 감정을 조절하는 신경회로에 직접 연결되는데, 오감 중에서 유일하게 뇌와 직접 연결된 감각으로, 어릴 때부터 적절한 자극을 주면 잘 발달하는 반면 그렇지 않으면 빨리 퇴화하는 특징이 있다.

미각은 다른 감각보다 더 일찍 발달한다. 심지어 자궁 안에서 어떤 맛을 경험했느냐에 따라 미각이 달라지기도 한다. 신생아 때는 입안 전체에 성인보다 2~3배 정도 많은 미각 세포를 갖고 있어서 맛에 더욱 예민하다. 즉, 이때 여러 맛을 경험한 아이들은 독특한

맛을 내는 음식도 주저하지 않고 먹지만 24개월이 넘으면 이런 현상이 줄어든다.

선천성 백내장이 있는 아기들은 생후 9개월까지 시력을 그대로 보유하기 때문에 백내장 수술을 해주면 볼 수 있고, 그 이후의 시각적 경험을 통하여 시력이 향상된다. 그러나 시기를 놓치고 24개월 후에 수술하면 시력을 잃게 된다. 시각의 신경망이 한창 발달할 때 시각적 경험을 하지 못하기 때문이다.

아기들은 같은 장소에서 깜빡거리는 자극을 생후 4주에도 거의 성인처럼 감지할 수 있고, 생후 2개월에는 성인과 비슷해진다. 운동 방향을 결정하는 데 필요한 시각을 바탕으로 공간의 변화를 지각하는 것도 생후 7주 무렵부터 나타난다. 생후 20주가 되면 아기는 속도의 다양한 움직임을 구별할 수 있고, 3개월이 지나면 움직이는 자동차의 창문으로 보이는 빗방울과 같은 대규모 동작 패턴을 지각한다. 난독증이나 자폐증 같은 발달 장애는 이런 동작 패턴을 지각하지 못한다.

3개월 아기의 침대 위에 모빌을 달고, 아기의 한쪽 발목을 끈으로 묶은 상태에서 발길질에 따라 모빌이 움직이게 한 연구 보고가 있다. 이때 아기는 천장에 매달린 모빌보다 발길질로 움직이는 모빌을 더 자주 쳐다보며 웃을 뿐 아니라, 발길질도 더 했다.

아기도 어른처럼 지루함을 느낀다. 아기는 잠깐 바라보고 나서 몸을 돌려 좀 더 흥미로운 것을 바라본다. 변하거나 놀랄 만한 것이 있을 때는 좀 더 오래 바라본다.

아이는 뇌의 지배적인 언어 영역에 손상을 입으면, 뇌의 다른 쪽이 손상된 언어 영역의 기능을 떠맡을 수 있다. 또한 태교 때 불러주던 노래를 부르면 울다가도 웃으며 금방 안정되고, 밤에는 잠을 아주 잘 잔다. 아기는 노래를 불러주면 따라 하는데 잠깐이 아니라 노래가 끝날 때까지 마치 아는 노래라도 되는 듯 옹알거리기도 한다. 태아 때 그림책 읽는 소리를 많이 들은 아기는 불과 생후 20일째부터 그 그림책을 다시 읽어주면 방긋 웃는다. 또 이 아기는 장난감보다 그림책을 가지고 놀기를 좋아하고, 기억력과 인지 능력이 좋아지면서 행동이 의젓하고 건강해질 것이다.

⋮ 부모는 아기가 잠자기 좋은 환경을 만들어주어야 한다

신생아는 태어나고 며칠은 아주 오랫동안 잔다. 배가 고파서 깨는 것 외에 거의 잠을 잔다고 보면 된다. 하루에 대여섯 번 잠을 자는 게 일반적인데, 아기가 커가면서 깨어 있는 시간이 길어지고, 밤에 오래 자고 잠깐씩 낮잠을 자게 된다. 하지만 최소 3개월이 지나야만 잠자는 형태가 일정해진다.

아기마다 수면 시간이 다르다. 하루의 80%를 잠으로 보내는 아기가 있는가 하면, 태어난 후부터 잠을 별로 자지 않는 아기도 있

다. 생후 1개월 아기는 하루에 15~16시간을 자는데, 15시간 이내로 자는 아기도 꽤 많다.

같은 시간을 자더라도 자주 깨거나 잠들지 못하는 아기들이 있는데, 그럴 때는 원인을 짚어봐야 한다. 드물지만 신경학적으로 이상이 있거나, 기질이 매우 까다롭거나, 몸이 불편하거나, 수유량이 적거나, 수유를 너무 자주 하거나, 방이 덥거나, 시끄럽거나, 기저귀가 젖었거나 등등 이유가 있을 수 있다. 아주 사소한 이유로 아기가 자주 깨거나 오래 자지 못할 수도 있다.

부모는 아기가 잠자기 좋은 환경을 만들어주어야 하며, 너무 엄마의 생활 리듬에 맞게 유도하면 안 된다. 밤에 오래 잘 수 있도록 수유 시간과 방법을 조절하고 조금씩 일정한 시간에 재우는 방향으로 이끌면 좋다. 그러나 일부러 깨우거나 일부러 재우려는 노력은 바람직하지 않다. 수면-각성 주기의 형태가 불안정한 시기이기 때문이다. 이때의 아기는 자는 시간을 조절할 수 없고, 설사 인위적으로 조절해도 고정되지 않고 쉽게 변한다. 시간을 생각하지 말고 아기가 배고파하면 언제든 젖을 주고, 기저귀가 젖으면 갈아주고, 자고 싶어 하면 곧바로 자게 하는 것이 최상이다.

⋮ 수유는 아기와 엄마만의 커뮤니케이션 시간임을 명심

신생아도 바로 자신의 감정을 나타내기 시작한다. 아기는 생후 1개월 내에 자신만의 특유한 기질을 보이고, 주위 세계가 자신에게 우호적인지 또는 적대적인지를 눈치채고, 주위 사람들에게 그 느낌대로 반응하고 반응을 유발하기도 한다. 물론 생후 초기에는 외부의 자극에는 비교적 반응이 적은 편이다.

3개월이 되어가면서 아기는 주위 환경에 관심을 갖고, 자극에 흥미와 호기심을 보이고, 부모에게 자연스럽게 미소를 짓는다. 스스로 어떤 일이 일어날지 기대하고, 그 일이 실제 일어나지 않을 때 실망을 경험하기도 한다. 화를 내거나 불안한 행동으로 실망을 나타내며, 또 자주 웃기도 하는 것이다. 이때가 사회적 각성의 시기이며, 아기와 양육자가 감정을 서로 나누기 시작하는 시기이다. 이 시기에는 기저귀를 갈거나 목욕을 시키거나 우유를 먹일 때 피부를 마사지해주면 좋다. 쭉쭉이를 해주거나 안아주거나 토닥토닥 두드려주는 것도 좋다.

간혹 텔레비전을 본다든지 책을 읽으면서 수유하는 엄마도 있는데, 아기는 엄마의 이런 행동에 섭섭함을 느낀다. 수유 시간은 아기와 엄마만의 시간이며 커뮤니케이션 시간임을 명심해야 한다. 따뜻하게 안은 상태에서 아이의 눈을 바라보며 젖이나 분유를 먹이는 게 좋다. 분유를 먹이는 경우에도 모유를 먹이는 기분으로 아기를 반드시 안고 먹이도록 한다. 이렇게 하면 아기가 정신적으로 모유를 먹는 것처럼 느끼게 된다. 분유를 먹이든 모유를 먹이든 아기에게 필요한 것은 엄마의 애정이고 엄마의 안정된 사랑이기 때문이다.

⁞ 손은 아기가 자아를 발견하게 만드는 첫 번째 대상물이다

대근육 운동이 몸 전체를 다스리는 능력이라면, 소근육 운동은 미세한 조절까지 손가락으로 하는 능력이다. 즉, 걷고 달리고 자전거를 타고 공을 던지는 것은 대근육 운동이고, 젓가락질을 하고 연필을 잡고 종이를 접는 것 등은 소근육 운동이다. 물론 일반적으로 대근육 운동을 '운동'이라고 표현하고, 소근육 운동은 운동이 아니고 학습이나 생활에 필요한 미세한 손놀림 정도라고 생각한다. 그런데 이처럼 미세함과 정교함을 필요로 하는 소근육 운동이 두뇌 자극에는 한층 더 효과적임을 알아야 한다. 대표적인 소근육 운동은 끼우기, 맞추기, 집기 등 손가락 조작 능력을 키워주는 놀이들이다. 하지만 두뇌 자극을 고루 발달시키기 위해서는 소근육 운동과 대근육 운동이 적당한 조화를 이루어야 한다.

생후 2~3개월이 되면 아기는 자신의 손을 신기하게 바라보고 갖고 놀다 입으로 가져가 빨곤 한다. 이 무렵의 아기에게 입은 가장 민감한 신체 기관으로, 아기는 손을 입으로 빨면서 손의 모양과 강도를 가늠한다. 이는 지극히 정상적인 발달 과정이다. 손은 아기로 하여금 자아를 발견하게 만드는 첫 번째 대상물이다.

검은색이나 붉은색의 도형이나 사선이 그려진 모빌을 침대 위 25cm 정도의 높이에 달아주면 좋다. 모빌을 아기의 눈앞으로 가까이 가져간다. 천천히 오른쪽 귀로, 이어서 왼쪽 귀로 움직인다. 단, 멜로디가 나오는 모빌이 좋고, 소리는 10분 이상 지속하지 않는다. 부모가 말을 걸면서 20cm 거리에서 아기와 눈을 맞춘다. 이렇게 하면 시각 발달에 효과적이다.

또한 장난감을 아기의 눈앞에서 서서히 이동하는 것도 좋다. 형태보다 움직임에 더 민감한 시기이므로, 장난감을 아기의 눈앞에서 움직여주면 좋아한다. 수평 방향 움직임이 원활해지면 수직 방향으로도 이동시켜보자. 혀나 입술로 물건의 형태를 인지하는 시기이므로 딸랑이 등 다양한 것을 빨게 하는 것도 좋다. 딸랑이를 쥐고 있는 손을 흔들어주어 소리를 내게 해도 재미있어한다. 딸랑이를 놓치게 한 다음 다시 쥐게 하자. 딸랑이는 청각에 대한 지각력과 눈과 손의 협응 능력을 자극한다.

⁝ 엄마 얼굴을 아기에게 자주 보여주면서 소통하자

아기의 시각과 청각 등 감각 발달과 피부 마사지를 통한 두뇌 발달이 중요한 때로, 엄마와 아기의 활발한 교류가 필요한 시기이다. 엄마는 기저귀를 갈아줄 때, 수유를 할 때 풍부한 표정으로 자주 말을 걸고 아기의 옹알이에 응해야 한다. 소리가 나는 모빌로 시각과 청각 발달을 촉진하고, 굵은 선과 원색으로 만들어진 그림책이나 소리 나는 딸랑이로 교육적 토대를 만들 필요도 있다. 생후 2개월이 지나면 딸랑이를 쥐고 흔들 수 있도록 유도하는 것이 좋다.

아기는 태어날 때부터 부모의 얼굴을 인식한다. 그러므로 부모의 얼굴을 잡게 하거나 밝은 물건을 눈앞 가까이 보여주면 아기가 탐구심을 가질 수 있다. 부모의 머리카락이나 특이한 소리 등 아기가 흥미를 보이는 것이 무엇인지 주의 깊게 살펴보고, 아기가 항상 다양하게 자극받을 수 있도록 해야 한다. 아기의 울음이나 웃음에 귀기울였다가 즉시 반응해주는 것도 중요하다.

엄마와 눈을 맞추고 모음 옹알이를 시작할 수 있는 시기이다. 엄마가 아이에게 눈을 맞추고 자주 이야기를 해주면 언어 발달에 아주 좋다. 아이의 옹알이는 의미 없는 소리지만, 엄마와 의사소통을 하려는 아기가 엄마의 말소리에 보이는 반응이므로 언어 발달에 좋은 매개체가 되는 것이다. 따라서 그림책은 신생아 때부터 보여주는 것이 좋다. 밝은 삼원색으로 그려진 큰 그림들을 보여주면서 "아가야, 이것이 빨간 사과란다", "이것은 자동차야"라는 간단한 말로 이야기해주면, 아기가 말은 이해하지 못해도 색깔에 관심을 갖게 된다. 또한 엄마 목소리와 그림을 연결할 수 있게 된다. 따라서 처음에는 그림만 있는 크고 단순한 것이 좋다. 아기가 집중할 수 있는 시간은 한 번에 3분이 채 안 되기 때문에, 같은 것을 보여주는 것은 좋지만 오랫동안 보여주는 것은 아무 효과가 없다. 어느새 아이의 관심이 다른 데 쏠리게 되기 때문이다.

다양한 소리를 들려주자. 아기는 사람 소리, 전화 소리, 타악기 소리, 초인종 소리 등 여러 종류의 소리를 듣기 좋아한다. 부모가 불러주는 자장가나 동요, 20~25cm 거리에서 흔드는 종소리도 청각을 자극한다. 특히 부모가 자장가를 불러주면 애착 형성이 잘될 뿐 아니라 청각 발달에도 효과적이다.

⠿ 아기를 엎어 키우면 두뇌 발달에 좋다

생후 1개월에는 몇 초 동안이나마 얼굴을 바닥에서 들어 올릴 수 있다. 바닥에 방석을 놓고, 방석이 아기의 가슴과 배 아래까지 닿도록 하여 아기를 엎드려 눕힌다. 아기는 2~3초 동안 수평에서 30도 가까이 들어 올린다. 엎드리는 연습을 하면 전정 기능이 촉진되고, 목을 빨리 가눌 수 있다. 아기의 시야가 넓어지기 때문에 두뇌 발달에도 좋다. 아기는 반사적으로 잡으려 하면서 팔다리를 움직이기 시작한다.

　아기의 손바닥에 부모의 새끼손가락을 갖다 대보자. 아기가 부모의 손가락을 잡으면 아기의 양팔을 천천히 뻗게 해주자. 아기를 안아 올려 발바닥이 바닥에 닿게 해보자. 그러면 아기는 두 다리에 힘을 주어 버틴 다음, 좌우 다리를 번갈아 들어 올리면서 제자리걸음을 할 것이다.

07

4~6개월 아기의
두뇌교육

⋮ 대근육은 운동을 담당하고, 소근육은 지능에 영향을 미친다

4개월 아기는 어른의 시선을 따라가기 시작하며, 대근육을 운동으로 발달시키는 중요한 시기를 지난다. 아기의 느낌과 의도를 신체 전체나 손, 입 등의 신체 일부를 이용해서 표현하는 신체 운동의 지능은 대뇌의 운동 영역, 소뇌, 기저핵과 관련이 있다. 뇌와 운동 사이에는 교차성 원리가 작용하는데 좌뇌의 운동 영역은 몸의 오른쪽, 우뇌의 운동 영역은 왼쪽 운동을 제어한다. 인간의 기본적인 동작과 관련된 뇌의 발달은 태어나서부터 36개월까지 거의 다 완성된다.

대근육은 목 가누기, 뒤집기, 앉기, 서기, 걷기처럼 큰 근육을 사용하는 운동을 담당한다. 생후 4개월에는 뇌줄기의 발달로 고개를 가누고, 7개월에는 중뇌가 발달해 중력을 이길 수 있게 되면서 앉기와 기기가 가능해진다. 소근육은 지능에 영향을 미치는 대뇌피질과 소뇌가 주관하기 때문에 향후 지능 발달과 밀접한 관계가 있으며, 대근육의 발달은 운동 장애와도 직접 관련이 있다. 대근육의 민감기는 뒤집고, 앉고, 서고, 걷는 역동적인 변화가 일어나는 12개월까지인 반면, 소근육의 감수성기는 12개월부터 36개월까지로 늦기 때문에 소근육 운동이 지능과 더 관련이 깊다.

평형감각을 키워주자

이 시기부터는 아기를 바로 세워 어깨에 걸쳐 안기, 부모 배에 등을 대고 앞으로 안아주기, 아기가 바닥을 내려다볼 수 있도록 엎드려서 안아주기 등을 할 수 있다. 손은 손끼리만, 발은 발끼리만 붙이고 떼기를 반복하던 아기는 생후 5개월이 지나면서 발을 손으로 잡거나 입으로 가져가는 등 손과 발을 따로 움직일 수 있게 된다. 생후 5~6개월이 지나면 몸의 한가운데 선인 정중선을 넘어 반대쪽까지 손을 뻗을 수 있게 된다. 이렇게 몸의 정중선 넘기를 여러 차례 반복하다 보면 어느덧 뒤집기를 할 수 있게 된다.

소근육도 발달한다. 3개월 아기는 손을 가볍게 편 채 팔로 몸을

아기의 대근육 운동 발달

4개월
- 등을 대고 누운 자세에서 반쯤 뒤집는다.
- 엎어놓으면 고개를 잠깐 들었다 내린다.

5~6개월
- 누운 자세에서 두 팔을 잡고 일으켜 앉힐 때 목이 뒤로 젖혀지지 않고 따라 올라온다.
- 엎드린 자세에서 가슴을 들고 양팔로 버틴다.
- 엎드린 자세에서 뒤집는다.
- 등을 대고 누운 자세에서 엎드린 자세로 뒤집는다.

지탱할 수 있게 되는데, 이 무렵에 장난감을 주면 잠시 쥐고 있을 수도 있다. 그러다 4개월이 되면 장난감을 향해 손을 뻗어 잡기 시작하는데, 이는 눈과 손의 협응이 가능해졌음을 뜻한다. 이전까지 손과 입, 손과 손의 협응이 되던 아기는 5~6개월에 접어들면서는 손과 눈의 협응이 되기 시작해서 눈으로 본 것을 손으로 잡을 수 있다. 물론 처음에는 물건을 잡기 위해 두 손을 동시에 움직이지만 6개월이 지나면 한 손만으로도 잡을 수 있게 된다.

손에 닿는 것들을 무조건 입으로 가져가는 것은 손가락 사용 능력이 발달했기 때문이다. 또 6개월이 되면 엎드리기를 넘어 홀로 앉기가 가능해진다. 스스로 척추를 세워 앉을 수 있다는 사실 역시 아기로서는 대단히 큰 발달이다. 두 손이 자유로워졌다는 소리이기 때문이다.

⋮ 엄마와 아기가 눈을 맞추고 교감하며 애착을 형성한다

색깔을 구분하지 못하던 시기를 지나, 생후 4개월이 되면 색깔을 잘 볼 수 있다. 이때 모빌을 흑백에서 컬러로 바꿔주면 좋다. 간상세포(눈의 망막에서 빛을 감지하는 세포)는 빛이 적을 때 명암을 감지하는데, 6개월이 지나야 비로소 발달한다. 6개월 아기는 보통 0.1 정도의 시력을 지니고 있다. 이때 두 눈을 함께 사용해 보는 기능인 '양안시'가 발달하여 물건을 입체로 볼 수 있어서, 물체와의 거리와 높이 등을 알 수 있다.

엄마와의 애착 형성은 정서 발달에 큰 영향을 주므로 엄마와 눈을 맞추고 교감하는 시간이 무엇보다 필요하다. 아기의 다양한 감정은 뇌의 성숙을 통해 이루어진다. 신생아는 정서를 관장하는 뇌인 변연계가 아래 반쪽 정도만 발달한다. 물론 편도체는 이미 형성되어 변연계와 관련된 신경회로가 작동한다. 따라서 신생아는 흥미, 괴로움, 혐오의 감정을 나타내고, 몇 개월 후 이런 기초적인 정서들은 즐거움, 분노, 놀람, 슬픔, 수줍음, 공포로 분화된다.

그러나 감정 이입이나 질투, 수치심, 죄의식, 긍지 등과 같은 자아의식과 관련된 정서는 나중에 발달하고, 일부는 자의식이 발달하는 2세가 될 때까지도 나타나지 않을 수 있다. 감정을 느끼려면 변연계피질이 기능을 해야 하는데, 변연계의 상부 구조가 성숙하려면 많은 시간이 필요하기 때문이다. 특히 감정을 조절하는 전전두피질은 출생 시 미숙한 상태이고, 수상돌기와 시냅스가 정교해지려면 2세는 되어야 한다.

보통 6개월 무렵에 언어 습득의 결정적 시기가 시작돼, 모국어에 대한 신경회로가 빠르게 발달한다. 단, 아기가 말문을 여는 시기는 운동에 관여하는 뇌 영역이 얼마나 성숙한지에 달려 있다. 이해가 가능한 소리를 만들기 위해서는 매우 정교한 운동 조절과 연습이 필요하기 때문이다.

아기의 언어 발달

4개월

○ "아", "우", "이" 등 의미 없는 발성을 한다.

○ 아기를 어르거나 달래면 옹알이로 반응한다.

5~6개월

○ 웃을 때 소리를 낸다.

○ 장난감이나 사람을 보고 소리를 내어 반응한다.

○ 두 입술을 떨어서 투레질 소리("푸푸" 소리)를 낸다.

보통 아기는 5개월 무렵부터 일부 자음 소리를 내면서 재잘거린다. 초반에는 세상의 모든 아이가 모국어와 관계없이 똑같은 소리를 낸다. 또한 이때 아기는 주파수 감도가 완전히 성숙해져 높은 음소리도 들을 수 있다. 하지만 이 시기에는 음량 한계점이 겨우 성인의 절반 수준이다.

아기는 생후 3개월이 지나면서 어떤 일이 일어날지를 기대하고, 그 일이 실제 일어나지 않을 때 실망을 경험한다. 화를 내거나 불안스럽게 행동함으로써 실망을 나타내며, 자주 미소를 짓기도 하고 웃는다. 이때가 사회적 각성의 시기이며, 아기와 양육자 간의 초기 상호 교환의 시기이다. 낯가림도 함께하는 시기라서 정서적으로는 약간 불안정한 편이다.

그러다가 6개월 정도가 되면 자기가 좋아하고 의도하는 대로 해주지 않으면 소리를 지르거나 짜증을 부리는 식으로 의사 표현을 한다. 그 이전에는 주로 우는 것으로 의사 표현을 했지만, 이제는 자음으로 옹알이를 하고 소리를 지를 수 있는 시기라서 소리도 지르고 짜증을 부릴 수도 있다.

⫶ 4~6개월 아기들은 밤잠을 길게 자는 습관이 생긴다

아기의 삶에서 청력이 얼마나 중요한지를 안다면, 되도록 일찍 아기의 청각 상태를 판단해야 한다. 거의 모든 아기들이 태어날 때 병원에서 검사를 받기는 하지만 그렇지 못한 아기들은 평균 진단 시기가 생후 14개월경이다. 그런데 이때쯤이면 청각과 언어 발달이 어느 정도 진행된 상태라고 봐야 한다. 또 청각 장애는 감염이나 유전적인 발달 문제로 14개월 이후의 아기에게도 발병할 수 있으니, 갑작스러운 큰 소리나 시야 밖의 사람들 목소리에 아기가 반응을 보이지 않으면 반드시 아기의 청력을 검사해야 한다.

선악 개념이 없기 때문에 못하게 하거나 혼낸다고 해서 스스로 원하는 일을 포기하지 않는다. 따라서 아기에게 매우 위험하고 나쁜 행동은 못하게 하고, 다른 사소한 것들은 받아주는 것이 좋다.

4~6개월 아기들은 밤에 더 오랫동안 잠을 자며, 낮잠은 짧고 불

아기의 사회성 발달

4개월
○ 엄마가 자리를 비웠다가 다시 나타나면 엄마를 알아보고 울음을 그친다.
○ 아기가 엄마와 이야기를 하거나 놀 때 엄마의 얼굴을 바라본다.

5~6개월
○ 어른이 아기를 보며 말하거나 웃기 전에, 어른을 보고 먼저 웃는다.
○ 어른들의 얼굴(머리카락, 코, 안경 등)을 만져보거나 잡아당긴다.
○ 거울 속 자신의 모습을 보고 웃거나 웅얼거린다.
○ 아기의 이름을 부르면 듣고 쳐다본다.

규칙하게 바뀐다. 아기가 자고 싶어 하는지, 아니면 부모와 놀고 싶어 하는지를 구분해야 할 시기이다. 아기는 원래 어둡고 조용한 방에 혼자 있는 것보다는 여러 사람과 함께 노는 것을 더 좋아한다. 따라서 부모를 곁에 붙들어두고는 잠들지 않으려고 저항한다.

아기가 자고 싶어 할 때는 아기가 잘 잠들 수 있는 환경을 마련해주자. 흔히 아기가 울면 배가 고프거나 짜증이 났다고 생각하기 쉽다. 하지만 아주 피곤할 때 울 수도 있다. 외부로부터의 자극이 너무 많거나 부모의 불규칙한 양육 태도 때문에 잠을 제대로 잘 수가 없는 경우도 많다. 따라서 아기가 2시간 정도 깨서 놀았다면 조용한 곳으로 데려가서 재우는 것이 좋다.

아기가 쉽게 잠이 들 때는 피곤을 느끼기 시작하는 시점이다. 깨어난 지 2시간이 지나면 다시 피곤이 쌓이는 것을 느낄 수 있는데, 아기가 너무 오래 깨어 있으면 지나치게 자극을 받고 과다 각성 상태가 되어 짜증을 많이 낸다.

아기가 자고 싶어 한다면 자신감을 갖고 아기를 혼자 남겨두어 자게 하자. 아기를 5분 정도 울게 놓아두는 것도 좋은 방법이다. 그래도 아기가 계속 운다면 아기를 안아 편안하게 달래준 후 다시 한 번 시도해보거나, 아니면 그날은 잠시 아기와 놀아주고 나중에 다시 시도한다.

4~6개월 아기들은 밤잠을 길게 자는 습관이 생긴다. 낮에 아기가 낮잠을 충분히 잘 수 있도록 도와주어야 한다. 차를 태우거나 그네 등을 흔들어주면서 재우지 말자. 잠깐 달래는 과정의 일부로 흔들어준다고 하더라도 아기가 잠든 후에는 침대에 옮겨 눕혀야 한다.

아기를 달래는 방법을 한 가지 택하여 일관성을 유지해야 학습이 이루어진다. 낮잠을 잘 때 부모가 도와주지 않고 아기 혼자 안정을 찾아 잠드는 방법을 찾아야 한다. 아기가 잠들려고 할 때마다 부모가 아기를 안고 깊이 잠들 때까지 달래주는 방법도 있다. 이렇게 한 가지 방법을 택했으면 일관성을 유지해야 한다.

이유식은 보통 4~5개월에 시작한다. 가족들이 식사하는 것을 보고 흉내 내어 입을 움직인다든지 먹고 싶은 표정을 짓는다면 이유식을 시작해도 된다. 이유식이나 식사는 아기에게 영양을 공급하는 역할뿐 아니라, 가족과 함께 식사하는 과정을 통해 자신도 가족의 일원이라는 즐거움을 알게 한다.

　이유식을 진행하면서 식사 예절을 몸에 익히게 해주자. 처음 이유식을 시작하면 식사를 시작하기 전에 "자, 맘마 먹자"라며 밝은 목소리로 즐거운 분위기에서 먹을 수 있게 유도한다. 먹기 전과 먹은 후에는 반드시 입을 닦아주고, 다 먹고 나면 "잘 먹었습니다"라고 엄마가 대신 이야기한다. 이런 예절은 반복하면 모르는 사이에 습관처럼 몸에 배게 된다.

　또 수저나 컵을 들고 사용하지 못하더라도 옆에 준비해두어 조금씩 친근해지게 한다. 이유식을 시작하고 얼마가 지나면 일시적으로 식욕이 떨어지는 시기가 있다. 이럴 때는 무리하게 먹이려 하지 말고 조리하는 방법을 바꿔본다.

4개월쯤이면 아기의 손이 닿는 곳에 장난감을 놔두자

　애착 형성은 정서 발달에 상당한 영향을 주므로 엄마와 눈을 맞추고 이야기하는 절대적인 시간이 무엇보다 필요하다. 손놀림이 많이 발달하는 때이므로 4개월쯤 되면 손이 닿는 곳에 장난감을 놓아두어 아기가 손을 뻗는 훈련을 시키는 것이 좋고, 손바닥 그림책 등도 좋은 교육 재료가 된다.

　하지만 아기 침대 주변에 너무 많은 사물은 두는 것은 삼가야 한

아기의 인지 발달

4개월

○ 소리 나는 곳을 쳐다본다.

○ 눈앞에서 장난감을 움직이면 시선이 장난감의 움직임을 따라간다.

5~6개월

○ 어떤 소리를 듣고 있다가 새로운 소리가 들리면 거기로 관심을 돌린다.

○ 자기 손과 손가락을 자세히 바라본다.

○ 딸랑이를 흔들거나 바라보고 입에 넣는 등 딸랑이를 가지고 논다.

다. 지나친 풍부함은 오히려 아기를 싫증 나게 하기 때문이다. 아기 침대나 유모차에 아기가 언제나 잡을 수 있는 장난감을 설치해주는 정도가 좋다. 아기는 이것을 두드릴 수 있고, 흔들리는 것을 볼 수도 있으며, 손과 눈이 함께 움직일 수 있는 것을 배우게 된다. 아직 아기가 가지고 놀기 위해 장난감들을 손에 쥐지는 못한다.

거울로 자기의 모습을 보게 하자. 아기 침대 위에 약 20cm 떨어진 거리에 아기가 자신의 모습을 볼 수 있게 안전거울을 달아보자. 그러면 아기는 자신의 여러 재미있는 표정을 알게 된다. 또 아기가 만질 수 있도록 플라스틱과 같은 반고형 구조물을 거울에 부착해도 좋다.

아기 앞에서 부모가 보자기를 들고 양옆으로 움직여 부모의 얼굴을 보였다 감췄다 하면 아기는 초기에는 보자기만을 주시할 뿐, 부모의 얼굴에는 그다지 관심이 없다. 하지만 여러 차례 반복하다 보면 아기도 저절로 알게 된다. 어느 순간부터는 아기가 보자기를 치우고 부모의 얼굴을 발견하고 기뻐하게 된다. 보자기로 숨겨도 전에 보았던 장소에 있을 것이라는 워킹 메모리가 아기에게 생긴 것이다.

아빠가 안아주려고 하면 아기가 안아달라고 팔을 벌려서 휘젓는 시기이다. 아빠는 이때부터 아기와 몸을 이용한 놀이를 할 수 있다. 아기를 눕히고 아기 다리를 들어 올린 뒤 무릎을 구부렸다 폈다 한다. 그 상태에서 아빠가 주먹을 쥐고 아기 발바닥에 대었다 떼기를 반복한다. 무릎을 구부리고 다리를 들어 올리는 과정에서 다리 근육을 움직이는 힘을 기를 수 있으며, 발바닥에 닿는 자극이 촉각 발달에 도움이 된다.

아빠가 안정된 자세로 앉은 다음 아기의 상체를 세운 상태로 앞에 앉히듯이 안는다. 그런 다음 아기의 두 팔을 잡고 양옆, 위, 앞으로 쭉쭉 뻗어준다. 팔을 뻗을 때는 자세를 3초 정도 유지해주는 것이 좋다. 이 시기의 아기는 평소 움직임이 크지 않기 때문에 팔을 크게 뻗고 당겨주기만 해도 잘 사용하지 않는 근육을 발달시킬 수 있다.

08

7~12개월 아기의
두뇌교육

: 언어 발달이 중요한 시기이므로 부모가 풍부한 어휘를 사용하라

12개월째 아기는 다른 사람이 가리키는 곳으로 주의를 돌릴 수 있다. 즉, 눈앞에 있는 물건이 없어져도 어디에 있을 것이라고 찾기 시작하는 대상 영속성의 개념이 발달하고, 원인과 결과의 연결도 발달하는 시기이다. 때문에 까꿍 놀이나 한 가지 행동을 반복하는 행위 등을 촉진할 필요가 있다. 언어 발달이 중요한 시기이므로 부모가 풍부한 어휘를 사용하여 이야기해주고 아기의 말에 반응하는 것이 좋다.

사회적인 관계 맺기와 도덕성에 필수적인 자기 통제는 전두엽의 억제 작용이 있어야 가능하다. 양쪽 전두엽 모두 정서적, 사회적 관계를 맺는 데 꼭 필요하다. 왼쪽 안쪽의 전두피질은 좋은 기분을 느끼게 하고, 오른쪽 안쪽의 전두피질은 나쁜 기분을 느끼게 한다. 이 두 전두엽의 활성 정도에 따라 얼마나 사회적으로 원만하고 사교성 있는 두뇌가 될지가 결정된다. 최초로 전두엽이 활성화되는 시기는 7~12개월 무렵이다. 7~12개월은 기본 정서 발달과 주양육자와의 애착이 절정을 이루는 시기이다.

논리적인 사고와 관련된 뇌 영역은 전두연합 영역, 두정연합 영역, 측두연합 영역 등의 대뇌연합 영역과 해마, 편도체, 대상회, 소뇌, 뇌줄기 등이 있다. 그중에서 무슨 일이든지 이치에 맞게 논리적으로 생각하고 수를 잘 다루는 '논리ㆍ수학적 사고'는 좌전두엽 및 두정엽과 깊은 관련이 있다. 논리ㆍ수학적 사고는 뇌 발달 중에서도 가장 높은 단계이기 때문에 오감이나 언어 발달에 비해 감수성기가 다소 늦게 시작되는데 아기는 12개월이 되면 원인과 결과를 파악할 수 있다.

말하기, 듣기, 읽기, 쓰기 등을 효과적으로 구사하는 언어 지능은 말하기를 담당하는 좌전두엽의 브로카 영역과 말의 이해를 담당하는 좌측두엽의 베르니케 영역, 두 개의 영역이 모두 관여한다. 보통 베르니케 영역이 브로카 영역보다 빨리 발달하기 때문에 말을 하는 것보다는 알아듣고 이해하는 것이 먼저 발달한다.

12개월이 되면 색색으로 빛나는 3차원의 세계를 정확하게 파악할 수 있다. 또한 옹알이에 자음과 모음을 조합한 온전한 음소를 내기 시작한다. 아기들은 말을 하기 전에 언어를 배우므로 부모의 말에 주의를 집중한다는 점도 알아두는 게 좋다.

: 7~12개월 아기는 성인과 비슷한 수면 패턴을 보인다

7~12개월 아기는 성인과 비슷한 양상으로 수면 패턴이 바뀐다. 아기들 대부분은 오전 7시에 하루를 시작한다. 새벽 6시 이전에 아기가 깨어나 운다고 해서 곧바로 아기에게 달려가는 것은 그리 좋은 방법이 아니다. 부모가 그렇게 곧바로 아기에게 달려가면 아기는 부모와 놀려고 조금씩 더 일찍 잠에서 깨어나기 때문이다.

8개월 정도 된 아기는 3시간 낮잠이 좋다. 그리고 낮잠 전에 아기를 달래는 시간은 30분 정도로 한다. 이때 무엇을 할지는 부모 마음대로 정한다. 목욕을 시키거나 우유를 주어도 되고, 젖을 먹여도 되고, 자장가를 불러주거나 마사지를 해주어도 좋다. 아기가 깨어 있어도 되는 시간이 2시간이라면 그 2시간이 끝나기 30분 전부터 아기를 달래야 한다. 미리 정해놓은 시간이 다 되었다면, 아기가 잠들었든 그렇지 않든 간에 무조건 침대에 내려놓는다.

오전 낮잠이 1시간 내지 그 이상 지속된다면 충분한 휴식 효과가 있다고 할 수 있다. 30분이 채 안 되는 낮잠은 낮잠이라고 할 수 없다. 낮잠을 재우려고 아기를 내려놓은 후 아기가 혼자서 잠드는 방법을 배우고 아무 방해도 받지 않고 1시간을 잘 수 있도록 아기 곁을 완전히 떠나야 한다. 이때 아기가 울더라도 5분 정도는 그냥 무시하는 것이 좋다.

두 번째 낮잠은 대개 정오와 오후 2시 사이에 재우되, 3시를 넘기면 곤란하다. 이후에 깨어 있는 시간이 하루 중 가장 길기 때문에 좋은 컨디션을 유지하려면 최소 1~2시간은 잠을 자두어야 하기 때문이다.

세 번째 낮잠은 잘 수도 있고 생략할 수도 있다. 아기가 늦은 오후나 초저녁에 피곤해 보인다면 낮잠을 충분히 자지 못했다는 의미가 된다. 이때는 아기를 일찍 잠자리로 보낸다. 저녁 취침 시간은 규칙을 정해놓고 지키도록 한다.

취침 시간을 규칙적으로 정한다는 건 무엇이든 일정한 행동이 선행한다는 의미이다. 목욕을 하거나, 마사지를 해주거나, 그림책을 읽어주거나, 자장가를 불러주거나, 부드럽게 흔들어주는 등의 행동으로 아기를 안정시킨다. 매일 밤 똑같은 행동을 반복하면, 아기들은 대개 자야 할 시간이라는 신호로 받아들인다.

아기의 사회성 발달

7~8개월
○ 가족 등 친숙한 사람을 보면 다가가려고 한다.
○ 낯가림을 한다.

9~10개월
○ 친숙한 어른에게 안아달라고 팔을 벌린다.
○ 어른을 따라서 손뼉을 치며 짝짜꿍 놀이를 한다.
○ 다른 아이들 옆에서 논다

11~12개월
○ 어른을 따라서 까꿍 놀이를 한다.
○ 어른을 따라서 "바이바이" 하면서 손을 흔든다.

⋮ 엄마에게 강하게 집착하고, 낯선 사람을 두려워한다

7~12개월 아기들은 사회적이 되며 사람들로부터 반응을 얻으려 한다. 다른 아기들에게 말을 건네거나 부추겨 반응을 얻어내기도 한다. 정서는 더 분화되는데 기쁨, 공포, 분노, 그리고 놀람 등을 표현하기도 한다. 엄마와의 애착이 형성되는 시기여서 엄마에게 강하게 집착하고, 낯선 사람을 두려워하고, 새로운 상황에서는 활발하게 행동하지 않는다.

기거나 앉는 것이 가능하고 짚고 서는 것도 가능한 시기이므로 대근육을 자극하는 스킨십 놀이가 좋다. 엄마 손을 잡고 서게 하거나, 바로 누운 상태에서 아기가 발을 올려 얼굴 쪽으로 가게 하는 놀이는 운동 발달에도 도움이 된다. 흉내를 잘 내는 시기이므로 짝짜꿍 놀이나 까꿍 놀이 등을 스킨십 놀이로 응용할 수 있다.

⫶ 아기에게 숟가락 주도권을 넘기고 양손을 사용하게 하자

7~12개월이 되면 아기가 먹을 것을 가지고 놀 줄도 알게 된다. 그런데 아기가 수저를 들고 장난을 하면서 음식을 먹는 둥 마는 둥 한다면 엄마는 "자, 그만 먹자"라면서 과감하게 그릇을 치워야 한

7~8개월

○ 손에 장난감을 쥐여주면 흔든다.

○ 앉은 자세로 안겨 있을 때 탁자 위의 장난감을 향해 손을 뻗는다.

○ 작은 장난감을 집어 들 때, 손바닥에 대고 손가락으로 감싸 쥔다.

○ 딸랑이를 쥐고 있는 손에 다른 장난감을 주면, 쥐고 있던 딸랑이를 떨어뜨리고 새 장난감을 잡는다.

○ 손을 뻗어 앞에 있는 물체를 잡는다.

9~10개월

○ 두 개의 물건을 양손에 각각 쥔다.

○ 엄지와 다른 손가락을 이용해 작은 과자를 집는다.

○ 장난감을 한 손에서 다른 손으로 옮겨 쥔다.

11~12개월

○ 손잡이를 사용해 컵을 잡는다.

○ 우유병을 혼자서 잡고 먹는다.

다. 먹을 것을 가지고 노는 버릇이 들지 않게 해야 한다.

또한 서서히 컵을 들고 마시는 연습을 시켜야 한다. 아기가 수저를 쥐는 법이 서툴고 잘못되었어도 차차 나아지므로 억지로 고쳐줄 필요는 없다. 수저를 쥘 수 있게 되면 음식을 엄마가 얹어주기도 하고 포크로 찍을 수 있게 도와주기도 한다.

혼자서 먹으려 하면 손에 좀 묻더라도 손으로 잡고 먹게 해준다.

자신이 스스로 먹고 싶어 하는 시기이므로 손으로 집을 수 있도록 메뉴를 다양하게 만들면 좋다. 아기 스스로 먹고 싶어 하는 의욕을 중요하게 생각해야 한다.

생후 6~7개월까지는 엄지손가락과 다른 네 손가락으로 물건을 잡았다면, 7~8개월경부터는 검지를 사용한다. 엄마와 마주 앉아 밥을 먹던 아기는 잠시 엄마가 한눈을 파는 사이 그릇을 엎어버리기도 한다. 이 시기가 되면 아기의 손동작이 매우 분주해진다. 아기는 손으로 물건을 잡을 수는 있지만 제대로 내려놓지 못한다. 반면 손목을 회전시킬 수는 있다. 그래서 자기 쪽으로 그릇을 당겨놓고 싶은 마음에 잡기는 했지만 제대로 내리지는 못하니 엉겁결에 손목을 돌려 뒤집고 마는 것이다. 엄마는 치우느라 애를 먹지만 아기에게는 새롭고 소중한 경험이다.

숟가락 주도권을 아기에게 넘기는 것도 중요하다. 아기에게 숟가락을 주면 식탁 위를 난장판으로 만드는 게 두려워 계속 떠먹이기만 하는 엄마가 꽤 있다. 하지만 아기가 생후 8개월이 넘어섰다면 부지런히 숟가락을 들려줘 혼자 떠먹기를 시도하게 할 때이다.

손의 움직임 영역이 넓어졌다는 사실을 깨달은 아기는 무엇이든 혼자 들고 싶다는 생각에 산만해진다. 양손에 블록을 하나씩 들고 맞부딪치면 소리가 난다는 사실을 발견한다. 오른손과 왼손을 맞부딪치는 동작은 어른들이 보기에는 매우 단순해 보이지만 사실 양손이 협응되어야만 가능한 동작이다. 양손의 협응으로 짝짜꿍, 잼잼 놀이도 가능해진다. 또 컵을 이용해보자. 앞에 놓인 컵의 손잡이가 오른쪽에 오도록 놓는다. 오른손으로 컵을 붙잡게 한다. 컵으로 마시게 한다.

양손을 사용하게 하자. 양손에 딸랑이나 블록을 잡게 하여 자연스럽게 마주치게 한다. 아기는 소리가 신기해서 반복적으로 물건을 잡아 마주칠 것이다. 엄지와 검지를 핀셋의 머리 모양으로 만들어 작은 물건을 집는 것은 침팬지와 같은 고등동물만 할 수 있는 동작이다. 아기는 빠르면 9개월부터 할 수 있다. 털실처럼 아주 작은 것을 집어 올리려면, 시각도 정확한 거리감과 입체감을 가지고 손가락의 움직임과 연동해야만 한다.

⦂ 말을 통해 아기의 행동을 유도하는 놀이는 언어 발달에 효과

생후 7~8개월 무렵이면 아기는 엄마 아빠의 특징적인 동작을 따라 한다. 컵으로 물을 마시는 흉내도 내고, 아빠가 "바이바이" 하고 손을 흔들면 아기도 아빠를 따라 손을 흔든다. 눈으로 아빠의 손동작을 보면서 시각을 자극하고 그 특징을 기억한 다음 팔과 손의 근육을 움직여 동작을 재현한다. 다른 사람의 행동을 관찰하고 탐구하는 능력이 생긴다. 다양한 신체 표현 능력을 기를 수 있다.

이 시기의 아기는 눈앞에 있는 물건이 없어져도 어디에 있을 것

7~8개월

○ 굴러가는 공을 따라서 계속 쳐다본다.

○ 딸랑이나 숟가락과 같은 물건을 바닥에 두드리면서 논다.

○ 장난감이 떨어진 곳을 쳐다본다.

○ 어른이 안으려고 하면 팔을 벌린다.

9~10개월

○ 그림책에 재미있는 그림이 있으면 관심 있게 쳐다본다.

○ 리듬에 맞추어 몸을 움직인다.

○ 상자 안에서 물건을 꺼낸다.

○ 어른이 아기가 내는 소리를 따라 하면, 아기가 다시 그 소리를 따라 한다.

11~12개월

○ 장난감에 있는 버튼을 눌러 소리가 나게 한다.

○ 자신이 좋아하는 한 개의 장난감을 가지고 3~4분 정도 논다.

이라고 찾기 시작하는 대상 영속성의 개념이 발달하고 원인과 결과를 연결할 수 있는 시기이므로 까꿍 놀이나 한 가지 행동을 반복하는 행위 등을 촉진할 필요가 있다. 또한 9개월 아기는 크고 감촉이 포근한 봉제인형을 좋아하는 경우가 많고 그것을 이용하여 까꿍 놀이를 할 수 있다.

숨을 강하게 내쉬어서 소리를 내는 장난감은 언어 발달에 도움을 준다. 부모가 장난감 악기를 부는 시범을 보이고 아기에게 불게 한다. 7~12개월 아기는 언어 발달이 중요하므로 엄마가 풍부한 어휘를 사용해 이야기해주고 아기의 말에 응해줄 필요도 있다. 이 시기의 아기들은 다른 소리에 방해받지 않고 말소리를 구분해 듣는다. 즉, 부모가 달라고 하면 장난감 따위의 물건을 줄 수 있다.

표현 언어도 발달하여 완전한 단어를 사용하지 않은 상태에서 4음절 이상으로 된 옹알이를 하며, "오오"와 같은 감탄사를 사용할 수 있다. 이 시기의 아기들은 흉내 내는 것을 좋아한다. 따라서 가족들이 아기 앞에서 발음을 똑바로 하도록 노력하는 것은 아주 좋은 습관이다. 이 시기에 유아어처럼 부모가 이야기하면 아기의 언어 발달에 도움이 되지 못한다. 단어와 행동의 연결도 가능해지기 때문에 말을 통해 아기의 행동을 유도하는 놀이는 언어 발달에 효과적이다.

⋮ 앉기와 기기를 연습하면서 아기의 균형 감각을 키우자

앉기와 기기를 연습하도록 유도하자. 아기가 혼자 앉을 수 있게 되면 아기의 시야가 획기적으로 넓어진다. 누워 있거나 엎드려 있을 때는 제한된 공간, 즉 2차원 세계밖에 보지 못했지만, 앉게 되면 높이와 거리가 있는 3차원 세계가 눈앞에 펼쳐지는 것이다. 아기가 처음 기기 시작할 때는 시행착오가 있다. 아기의 팔 힘이 너무 세서

7~8개월

- ○ 누워 있을 때 자기 발을 잡고 논다.
- ○ 앉혀주면 양손을 짚고 30초 이상 혼자 앉아 있다.
- ○ 배를 바닥에 대고 앞으로 긴다.
- ○ 앉혀주면 손을 짚지 않고 안전하게 앉아 있다.

9~10개월

- ○ 누워 있다가 혼자 앉는다.
- ○ 양손과 무릎으로 긴다.
- ○ 가구를 붙잡고 일어선다.

11~12개월

- ○ 가구를 붙잡은 상태에서 넘어지지 않고 자세를 낮춘다.
- ○ 가구를 양손으로 붙잡고 옆으로 걷는다.
- ○ 5초 이상 혼자 서 있는다.

뒤로 밀려나는 경우도 있다. 또 같은 장소를 빙빙 돌기도 한다. 이럴 때는 발바닥을 손바닥으로 만지거나 밀어줌으로써, 아기가 똑바로 앞을 향해 나아갈 수 있도록 거들어주자. 장애물을 이용하는 방법도 좋다. 이불과 방석, 베개를 바닥에 쌓아놓으면 아기가 기어 올라가는 등 각자의 방법대로 하면 좋다.

생후 10개월 아기는 침대의 난간이나 의자 등을 잡고 혼자 힘으로 서게 된다. 서서히 걸음마를 준비하는 단계이기 때문이다. 단, 걸음마는 단순히 다리나 허리의 근육만으로 되지 않기 때문에 평형 감각이 없으면 금방 넘어지고 만다. 평형 감각은 입체감과 거리감의 도움으로 조절된다. 아기가 똑바로 걸을 수 없는 것 역시 시각 트레이닝 부족이 원인이다.